AI와 아그노톨로지

인공지능총서

인공지능 시대입니다. 기계가 인간의 인지를 대신하고, 사물이 인간을 통하지 않고 다른 사물과 직접 커뮤니케이션합니다. 이에 따른 인간 삶과 문명 변화를 정확히 이해·예측·대응하는 것은 이 시대 우리 모두의 과제입니다. 인공지능총서는 인공지능 기술과 환경의 여러 주제를 10가지 키워드로 정리합니다. 관련 개념과 이론, 학계와 산업계의 쟁점, 우리 일상의 변화를 다룹니다. 인간과 기술의 현재, 미래를 세심히 분석합니다.

일러두기

- 인명, 작품명, 저서명, 개념어 등은 한글과 함께 괄호 안에 해당 국가의 원어를 병기했습니다.
- 외래어 표기는 현행 어문규정의 외래어표기법을 따랐습니다.

AI와 아그노톨로지

김용하

대한민국, 서울, 커뮤니케이션북스, 2025

AI와 아그노톨로지

지은이 김용하
펴낸이 박영률

초판 1쇄 펴낸날 2025년 5월 2일

커뮤니케이션북스(주)
출판 등록 2007년 8월 17일 제313-2007-000166호
02880 서울시 성북구 성북로 5-11
전화(02) 7474 001, 팩스(02) 736 5047
commbooks@commbooks.com
www.commbooks.com

ISBN 979-11-430-0083-5 03500

책값은 뒤표지에 표시되어 있습니다.

차례

넥스트 AI 무지의 지 생성하기

테크놀로지 신세계

현재 인류는 테크노포비아(technophobia)와 테크노피아(technotopia)의 갈림길에 서 있다. 테크놀로지(technology)는 인간 소외와 자연 파괴를 야기하며, 이는 사회를 위협하는 요인이 된다. 테크놀로지가 발전할수록 인류는 실존적 위기에 직면하며, 이는 기후 위기, 생태계 파괴, 환경 오염과 같은 문제로 이어진다. 테크놀로지에 기반을 둔 공학적 질서는 물리적 환경뿐만 아니라 정신적 삶까지 파괴한다. 특히 디지털 테크놀로지는 정보의 빠른 확산을 가능하게 하지만 특정 이념에 종속될 위험이 있으므로 테크놀로지의 어두운 측면을 간과하지 않도록 주의해야 한다.

또한 인류는 트랜스휴먼(transhuman)과 포스트휴먼(posthuman) 사회로 나아가고 있다. 트랜스휴먼테크놀로지는 NBIC(Nanotechnology, Biotechnology, Information Technology, Cognitive science)를 활용하여 인간의 신체적 · 정신적 한계를 극복하는 데 기여하며, 인간을 사이보그화하는 방향으로 발전하고 있다. 반면 포스트휴먼 테크놀로지는 로봇, 안드로이드, 휴머노이드(humanoid)를 제작하여 기술을 극단적으로 활용하여 기계를 인간처럼 만드는 것을 추구한다. 트랜스휴먼과 포스트휴먼은 이미 인간 확장 기술과 결합하여 일상생활에 깊이 관여하고 있으며, 인간의 사고와 생활양식에 큰 영향을 미치고 있다.

테크노신세(テクノ新世, technopocene)에 진입한 상황에서 인류의 미래 방향을 결정하기 위해 테크놀로지의 긍정적 · 부정적 측면을 모두 고려해야 한다. 테크놀로지는 인간의 삶에 새로운 양식을 제공하므로 이러한 변화에 대해 윤리적으로 접근해야 한다. 또한 테크놀로지는 그 편리성과 유용성으로 인해 문제점을 파악하기 어렵다. 테크놀로지를 공학적 수단으로만 보는 것은 적절치 않아 이런 시각에서 벗어나는 방법을 고민해야 한다.

테크놀로지 감수성은 테크놀로지가 초래할 수 있는 문제점을 미리 인지하는 능력이다. 테크놀로지에 대해 감각적으로 반응하고, 테크놀로지가 발전하는 과정에서 소외된 영역은 없는지 살핀다면 미래에 발생할 수 있는 테크놀로지의 위협을 줄일 수 있다.

AI 신세계

AI(Artificial Intelligence, 인공지능) 시대다. 호모 테크니쿠스(homo technicus)는 AI를 적극적으로 활용하여 인간이 상상해 왔던 세계를 현실로 구현하고자 한다. AI가 인간의 상상력을 뛰어넘는 새로운 세계를 제시하고 있는 상황에서 우리는 AI와 공존하는 방법을 찾아야 한다.

초지능 기술의 급격한 발전 속에서 우리는 어느새 AI 신세(AI新世, AIpocene)에 접어들고 있다. AI 기술은 얼굴 인식, 음성 인식, 문장 생성 단계를 거쳐 사회 구조, 생활 방식, 가치관을 혁신적으로 변화시킨다. 얼굴 인식은 AI가 인간의 얼굴을 식별하는 단계로 데이터를 기반으로 대상을 파악한다. 음성 인식은 인간과 기계가 서로 소통하는 단계다. 문장 생성은 거대 언어 모델을 통해 기계가 스스로 언어를 사용하는 단계다(小林亮太 & 篠本滋, 2022). 결국 AI 기반 사회에서는 기존 오프라인 작동 방식이 더 이상 유효하지 않을 수 있다.

웹(Web) 3.0 시대는 중앙 집중 방식에서 탈중앙 분산 방식으로 전환되고 있으며 이는 정치, 경제, 사회 등 다양한 분야에 걸쳐 광범위한 영향을 미치고 있다. 웹 3.0 시대의 AI 기술은 과거 기계가 인간의 신체 활동을 대체하는 수준을 넘어, 인간의 지적 활동 영역에까지 확장되고 있다. 챗GPT(ChatGPT)와 같은 대화형 AI 기술은 비즈니스 모델을 혁신하고 지식 생성 방식에 새로운 변화를 가져오고 있다. 또한 기존 오프라인 중심 비즈니스 모델은 온라인과 긴밀하게 연결된 경제 구조로 재편하고 있다. 아울러 디지털 인문학은 문자 중심의 전통적인 인문학에서 벗어나 디지털 기술을 적극적으로 활용하여 문자와 이미지를 융합하는 새로운 학문 영역을 개척하고 있다.

AI는 계몽주의와 가속주의의 이상을 구현하려 한다. AI 계몽주의(AI enlightenment)는 보편적인 지의 추구를 목표로 하며, 기술적 이성과 합리성을 바탕으로 지식을 이해하고, 사회 문제 해결 및 윤리적 의사 결정에 참여한다. 이는 인간이 AI를 적극적으로 수용하여 AI와 공존·공생하는 세계를 만들고자 하는 노력과 맞닿아 있다. 과거 인류는 스스로 세계의 모순을 극복할 수 있다는 믿음으로 문명을 발전시켰고 자유, 평등, 형제애 같은 가치를 실천해 왔다. 현재 AI가 이러한 세계 모순 해결의 새로운 동력으로 주목받고 있다. 사람들은 AI를 의인화하려는 경향을 보이면서도 AI의 가치 중립성을 중요하게 생각한다. AI는 인간의 주관적 오류를 보완하고, 보편적으로 수용 가능한 방식으로 정보와 지식을 제공할 수 있다.

AI 가속주의(AI accelerationism)는 인류가 직면한 문제들을 근본적으로 해결하고, 자본주의의 위기를 극복하기 위해서 AI 기술을 적극적으로 활용해야 한다고 주장한다. 이는 기존 사회 시스템으로는 해결하기 어려운 문제들이 발생함에 따라 기술을 통해 현실에 보다 효과적으로 대응해야 한다는 인식에 기반을 둔다. 또한 사람들이 노동에서 벗어나 자신만의 시간을 확보하는 전략을 통해 기존 자본주의의 한계를 극복할 수 있다고 보며, 기술적 유토피아를 추구하는 동시에 노동 및 자본 문제에 대한 해결책을 모색하는 관점을 제시한다.

AI에 대한 낙관적 전망이 있는 반면, 현실에서는 부정적 진단도 제기되고 있다. AI 과잉 의존(AI over-reliance), AI와 저작권(AI & copyright), AI 종말론(AI eschatology) 등이 논의되고 있다.

AI 과잉 의존은 인간이 스스로 사고하고 판단할 수 있는 영역에서조차 AI에 지나치게 의존하여 사고력과 판단력 저하를 초래하는 현상을 의미한다. AI와 저작권 문제는 데이터 알고리즘에 기반을 둔 무한 복제 및 생성으로 인해 창작자의 권리가 침해되거나 창작물의 독창성이 훼손되는 상황을 지적한다. AI 종말론은 AI의 초지능화, 인간을 위협하는 무기 개발, 인간 노동력 대체, 윤리적 문제, 기술적 특이점 등의 가능성을 경고하는 관점이다.

현재 검색 시대에서 생성 시대로 전환하고 있다. 과거 검색 시대에는 사용자가 원하는 정보를 얻기 위해 검색어를 입력하고, 검색 결과에서 필요한 정보를 선택하여 특정 행동을 수행했다. 검색 시대에는 욕망과 행동이 직접적으로 연결되어 있었다. 그러나 생성 시대에는 검색을 통해 자기 욕망을 충족하는 과정 일체를 AI가 대행한다(清水亮, 2023). 검색 시대에는 사용자가 직접 정보를 선택하는 과정을 거쳤지만 생성 시대에는 이러한 번거로운 과정 없이 알고리즘에 따라 맞춤형 정보가 제공되며, AI는 자율적인 사고 및 판단 과정을 통해 사용자의 욕구를 충족시킨다.

AI는 즉시성을 중시한다. 일례로 모르는 것을 검색하면 즉각적인 답변을 제공한다. 즉각적인 반응은 업무 처리 속도를 높일 수 있지만 그 과정에서 발생할 수 있는 오류를 사전에 방지하지 못하는 위험을 내포한다. 인간은 입력과 출력 간의 즉각적인 반응이 당연하게 여겨지는 시대에 살고 있지만, 과연 인간도 AI처럼 즉각적으로 대응할 수 있을지는 의문이다. 인간은 입력과 출력 사이의 불일치라는 간극을 마주하게 된다. 인터넷에서 요구되는 즉시성이 인간관계에도 강요될 때, 이는 폭력적인 상황으로 이어질 수 있다. 특정 사안에 대해 신중하게 고민할 시간이 필요함에도 즉각적인 처리를 요구하는 것은 개인에게 큰 부담을 준다.

인류는 기술과 기계를 통해 삶의 진보를 가속화하는 데 집중해 왔다. 성장률이 사회의 경제적 성공을 나타내는 지표로 간주되면서 삶의 모든 영역에서 진보의 속도를 높이기 위한 시스템 구축에 몰두했다. 그러나 전 세계적으로 성장의 가치는 점차 의미를 잃어가고 있다. 과거 고도성장 사회의 수치를 회복하려는 노력이 있었지만 이미 성장 중심의 사회 모델이 보편화된 상황에서는 더 이상 획기적인 성장 기회를 찾기 어렵다. 이러한 문제를 해결하기 위해 성장률을 고려한 경제 정책을 도입하고 있지만 뚜렷한 성장 가능성은 보이지 않고 있다.

그러나 낮은 성장률을 반드시 부정적으로만 해석할 필요는 없다. 인위적인 성장이 어렵다는 것은 사회 또는 국가가 성장 단계를 넘어 성숙 단계에 접어들었다는 의미일 수 있다. 따라서 성숙 사회 모델에 부합하는 가치와 윤리를 확립하는 것이 중요하다. 소위 슬로다운(slow down) 단계에서는 그동안 간과했던 부분을 재점검하고 활용하는 방안을 모색해야 한다.

진보와 진화의 최종 목표가 과연 인간의 행복으로 이어질지는 의문이다. 인위적인 성장을 추구하더라도 슬로다운 흐름을 막을 수는 없다. 슬로다운은 저출산, 저성장과 같은 현상이 삶에 깊숙이 자리 잡는 것을 의미한다. 부채, 데이터, 기후, 기온, 인구, 출산율, 경제 등 사회 영역 전반에서 슬로다운이 진행되고 있는 상황에서 기존 가속화 시스템은 제대로 작동하지 못한다. 이러한 상황을 고려할 때, 슬로다운을 억지로 막으려 하기보다는 현실을 인정해야 한다. 아울러 무의미한 진보 동력을 확보하는 데 매달리기보다는 안정적인 사회를 구축하는 데 집중해야 한다(Dorling, 2020).

무지 신세계

지금은 무지(無知, ignorance)의 시대라고 할 수 있다. 무지가 어떻게 발생하고 유통되는지를 이해하는 것이 중요하다. 아그노톨로지(agnotology)는 무지의 생성, 소멸, 망각을 연구하는 학문이다. 아그노톨로지는 무지가 낳은 문화적 생산물을 통해 무지와 관련된 맥락을 분석하고, 무지한 사회의 한계를 극복하고자 한다. 무지학은 '무지(agnoia)'와 '학(logos)'을 결합한 용어로 무지에 대한 모든 학문적 탐구를 포괄하지만, 특히 과학사와 깊은 관련이 있다. 대부분 무지는 특정 과학 기술에 의해 생성, 유지, 조작된다. 그렇기 때문에 무지학은 과학 지식의 발전 과정에서 의도적이거나 무의도적인 개입으로 인해 발생하는 무지의 문화적 생산 과정을 검토한다. 물론 지식 탐구 과정을 통해 새로운 학문 영역으로 진입할 수도 있지만 의식적 또는 무의식적으로 만들어진 무지도 존재한다. 따라서 무지는 사회적 구조물로 볼 수 있으며, 무지학은 개별 사례에서 무지 생산(ignorance production; agnotogenesis)에 대한 연구를 통해 일반적인 무지 생산 패턴을 밝혀낸다. 이를 통해 만들어진 무지의 관점에서 역사를 조망하고, 특정 무지가 특정 세력의 작동 방식에 따라 누구에게 이익과 불이익을 가져다주는지 분석한다(鶴田想人, 2023). 현대 사회는 무지 생산 단계를 넘어 무지 산업 단계에 접어들고 있다. 고도의 무지화 전략이 과학적 또는 경제적 입장을 숨긴 채 공공 여론을 장악하고 있다.

무지는 원초적 상태로서의 무지(ignorance as native state), 잃어버린 영역으로서의 무지, 혹은 선택적 선택(혹은 수동적 구성)[ignorance as lost realm, or selective choice(or passive construct)], 전략적인 책략으로서의

무지, 혹은 능동적인 구성물로서의 무지(ignorance as strategic ploy, or active construct), 무지는 미덕인가? 저항으로서의 "알지 않음", 혹은 도덕적 주의(virtuous ignorance? "not knowing" as resistance or moral caution)로 구분된다.

'원초적 상태로서의 무지'는 인간이 선천적으로 무지한 존재라는 전제하에 교육과 계몽을 통해 지식을 습득해야 하는 지적 결핍 상태를 전제한다. 인간은 태어날 때부터 무지하며, 학습을 통해 지식을 쌓아야 한다는 관점이다. 아울러 무지를 과학적 탐구 대상으로 이해하려는 시도다.

'잃어버린 영역으로서의 무지, 혹은 선택적 선택(혹은 수동적 구성)'은 모든 탐구는 대상과 방법을 선택하는 과정에서 특정 의견은 알려지고 다른 의견은 무시되는 현상이 발생하는 것을 의미한다. 탐구의 선택성과 지식의 편향성이 동시에 작용하여 간과되는 지식이 형성된다. 지식을 얻는 과정에서 의도치 않게 특정 정보가 누락되거나 무시될 수 있다는 것이다.

'전략적인 책략으로서의 무지, 혹은 능동적인 구성물로서의 무지'는 이데올로기나 경제적 이익을 위해 무지를 의도적으로 제작, 유지, 조작하는 것을 의미한다. 특정 세력의 이익을 보호하기 위해 불리한 지식에 대한 의심과 불확실성을 전략적으로 사용하며, 과학의 권위와 논리가 동원되기도 한다. 또한 과학자들의 자체 검열이나 정보 은폐 문제도 발생할 수 있다[Proctor & Schiebinger(Eds.), 2008].

'무지는 미덕인가? 저항으로서의 "알지 않음", 혹은 도덕적 주의'는 도덕적 관점에서 일부러 모른 채 넘어가는 것을 적극적으로 선택하는 것이다. 지식을 추구하는 과정에서 윤리적 기준에 따라 정보를 선택하고, 과학 연구를 수행하면서 발생할 수 있는 윤리적 문제와 갈등을 겪으며, 새로운 지식 습득 노력과 그로 인한 위험 사이에서 적절한 조화를 추구한다(鶴田想人, et al., 2022a). 이처럼 무지학에서는 무지의 원인과 결과를 파악하는 것이 중요하며, 이러한 관점은 무지 사회학과 무지 인식론으로 확장되고 있다.

무지 사회학은 초기 무지 연구(1980년대), 리스크(risk) 사회론과 무지의 사회 이론(1990년대), 전략적 무지 연구(2000년대 이후)로 진행되었다. 무지 연구를 시작으로 리스크, 불확실성과 무지, 전략적 무지를 다룬다. 무지와 비지(非知, nonknowledge)를 구분 짓고, 무지를 정의하고 분류하는 과정을 거쳐 지식 생산에 필연적으로 수반되고 전략적으로 이용되는 자원으로서의 무지 이해는 무지를 지식 결여로 인식하는 것에 대한 저항이다.

무지는 무학과 맹신처럼 부정적 의미를 내포하며 지식의 결여를 의미한다. 반면 비지는 지식의 열등한 위치를 거부하며 무지에 비해 중립적 위치에 놓일 수 있다. 전략적 무지는 특정 산업과 관료 조직이 특정 목적과 이익을 위해 의도적으로 무지 상태를 만들어 이용한 것이다.

무지 인식론은 기존의 객관적이고 가치 중립적 지식 체계 내에서 무지가 어떻게 생산되고 유지되었는가를 밝히고, 사회적 불의에 대한 인식을 확장한다. 지배 집단이 무지를 유지하거나 인식적 부정의(epistemic injustice)를 일으키는 것, 소외 집단이 더 나은 인식을 가지는 현상 등을 다룬다. 기존 인식론이 무지를 극복해야 할 지식의 부재나 결핍으로 간주했던 것과 달리, 무지 인식론은 무지 또한 지식만큼 복잡하고 적극적으로 생산되고 유지되는 구조를 가지고 있다고 강조한다(鶴田想人, et al., 2022b).

인류세(anthropocene)로 일컬어지는 오늘날에 이르기까지 문명과 문화가 지구 생태계를 파괴하는 데 인간의 지식이 활용되었다. 이에 따라 인간 중심주의에 대한 극복은 중요한 과제로 자리매김했다. 자연을 인간화하는 과정에서 인간이 저지른 실수와 잘못을 반성해야 한다는 주장이 제기되었고, 동시에 지에 대한 갈망과 무지화의 전략에 대한 무력함 속에 생활 세계가 파괴되었다는 비판도 나타났다. 이러한 맥락에서 인류사에서 무지가 어떤 경로를 거쳐 왔는지 살펴보려는 시도가 있었다.

과학은 무지를 학문 대상으로 여기지 않는다. 과학은 사실에 대한 가설을 설정하고, 실험을 통해 이를 증명하는 세계를 추구한다. 근대적 지는 세계를 객관적으로 발견하는 태도를 지향한다. 과학 지식은 역설적으로 무지를 내포하고 있다. 무지는 크게 두 가지 유형으로 나눌 수 있다. 첫 번째 '고집스러운 우둔함으로서 무지'는 근거 없는 견해에 집착하여 반대되는 생각, 의견, 자료를 무시하는 태도다. 반면 두 번째 '덜 경멸적인 의미로서 무지'는 특정 지식에 대해 사실, 이해, 통찰, 명료함이 없는 상태를 지칭하며, 지식이 동반된 무지로서 미지의 영역에 대한 질문을 제시한다(Firestein, 2012). 진정한 과학적 사고는 사실 오류를 인식하고, 그에 대한 지식을 축적하는 일에만 몰두하지 않고 무지의 세계를 자각하는 과정을 탐색하는 것을 포함한다.

무지신세(無知新世, agnotocene)에 대한 논의는 인류세 사회에서 진보의 이면에 가려진 피해를 드러내고, 기술 및 과학 프로젝트에 대한 반대와 비판이 통제되는 양상을 분석하는 데 초점을 맞춘다. 더불어 인간과 자연의 상품화가 초래한 세계관의 변화가 환경주의적 비판을 약화시키는 현상을 지적한다. 이러한 관점에서 인류세는 단순한 근대주의적 서사가 아닌 현대화된 무의식이 과학적, 정치적으로 생산된 결과로 해석될 수 있다. 이러한 맥락을 재조명하는 시도 중 하나로 무지화 전략이 활용된 배경을 탐구한다(Bonneuil, C., et al., 2017).

무지신세를 올바르게 이해하기 위해서는 사회적 무지화와 개인적 무지를 구별해야 한다. 사회적 무지화는 선택적 무지, 전략적 무지, 다원적 무지의 작동을 통해 특정 입장을 드러내거나 숨기기 위한 의도적인 무지화 전략의 사용을 의미한다. 반면 개인적 무지는 도덕적 무지, 합리적 무지, 고의적 무지의 작동을 통해 사회적 무지화에 저항하려는 개인의 소극적인 태도를 나타낸다.

무엇을 제대로 알지 못하는 상황에 처하면 당황스러울 수 있으며, 자신의 신념만을 중요시하며 과학적 태도를 부정하는 무지한 태도를 보일 수도 있다. 알지 못하는 것이 많은 사람이 자신의 신념만을 추구하면 독단에 빠지기 쉽다. 반대로 무엇인가를 제대로 알고 있다고 생각하는 경우에도 자신이 제대로 알고 있는지 비판적으로 검토해야 한다. 그러므로 자신이 알지 못하는 것이 있다는 사실을 인식하는 태도가 중요하며, 이러한 깨달음을 바탕으로 원초적 무지에 새롭게 접근해야 한다.

넥스트 AI와 무지의 지 네트워크

AI는 무지의 지를 갖지 못한다. AI는 다양한 업무를 수행할 수 있지만 AI가 생성하는 문장은 단어 간 확률적 연결에 따른 집합에 불과하다. AI는 자신이 생성한 문장을 정확히 알고 있는지 그렇지 않은지를 스스로 구분하지 못한다. 따라서 데이터가 부족한 경우에도 그저 '적다'고 판단할 뿐, '모른다'는 판단을 내릴 수 없다. AI가 실제로는 모르면서도 아는 척하며 문장을 생성할 수 있어 결과물의 정확성을 신뢰하기 어렵기 때문에 반드시 인간의 검토가 필요하다(丸花由加里, 2023.05.10).

우리는 지가 생성되는 시스템을 총체적으로 파악하는 동시에 개별 지가 공유되는 과정에서 예상치 않게 발생하는 문제점을 어떻게 극복할지 고민해야 한다. 단순히 검색과 답변을 제공하는 것만으로는 새로운 세계를 창조할 수 없다. 호기심을 가지고 타인과 세계를 주의 깊게 관찰하며, 기존에 알 수 없었던 부분에 대해 질문을 던져야 한다. AI는 기존 데이터를 입력받아 확률적 또는 통계적으로 처리하는 과정을 거쳐 지가 발생하는 것처럼 보일 뿐이다. 세계의 데이터화와 정보화가 진행됨에 따라 지의 영역은 확장되고 있다. 인간이 모든 것을 알 수 있다는 믿음이 인류의 진보를 이끌어 왔지만, 여전히 미지의 세계는 존재한다. 아직 알 수 없는 세계에 대한 자각은 인간의 자율적인 인지 과정과 결합해야 한다.

AI는 인류의 모든 지식을 제시할 수 있고, 그 지식은 미지의 세계를 탐색하는 데 도움을 주는 동시에 환상을 불러일으킬 수도 있다. 기존 AI 윤리학은 지식의 완전성을 전제로 확고한 자율성의 토대를 구축하지만 AI가 무지를 어떻게 수용할지를 설계하는 과정에서 예상치 못한 윤리적 문제가 발생할 수 있다. AI를 둘러싼 참여자들의 무지로 인한 위험에 미리 대비하고 그에 대한 윤리적 대안을 마련해야 한다. 국가, 사회, 기업, 개인 등이 각자의 무지를 바탕으로 AI와 상호 작용하는 상황에서 어떤 문제가 생길지 고민해야 한다.

AI를 명확하게 안다고 하더라도 예기치 않게 AI에 대한 '모름'의 문제가 발생할 수 있다. AI를 단순히 기술 공학으로만 이해할 때 놓치는 측면을 탐구하는 것은 역설적으로 AI를 깊이 이해하는 데 도움이 될 수 있다. AI에 대한 지식은 AI 무지의 맥락이 어떻게 작동하는지를 파악하는 데 큰 도움이 된다.

넥스트(next) AI는 아그노톨로지와 연결되어야 AI의 순기능과 역기능을 모두 해결할 수 있다. 현재 AI는 정치적, 경제적, 윤리적 지의 세계에만 머물러 있다. AI는 결핍을 채워 주는 데 유용한 도구지만 인간이 자신의 욕망을 AI에 의존하는 순간 진정한 만족을 얻을 수 없다. 자신이 향유하는 욕망이 실은 누군가의 무지화 전략에 의해 만들어진 것임을 알아야 한다. AI가 삶에 큰 영향을 미친다는 점을 인지하고, 자신의 무지를 깨닫는 과정을 통해 무지와 지식이 공존하는 공동체를 만들어 나가야 한다(Slomon & Fernbach, 2018). 지식과 무지를 복수형으로 생각하고, 일반 지식과 통념이 장소와 시대에 따라 다르다는 점을 주목해야 한다(Burke, 2023).

요컨대 AI와 무지의 관계가 무엇인지를 살펴보아야 한다. 무지의 긍정적, 부정적 측면을 인식하고 무지 공동체를 형성하는 과정에서 드러나는 무지의 속성을 찾아야 한다. AI와 무지가 결합하는 순간을 응시하며, 미래 사회에서 자율적 인간으로 나아가기 위한 무지의 지를 중심으로 한 네트워크를 이해해야 한다.

참고문헌

小林亮太 & 篠本滋(2022). *AI新世 人工知能と人類の行方.* 文藝春秋.

清水亮(2023). 検索から生成へ 生成AIによるパラダイムシフト. エムディエヌコーポレーション.

鶴田想人(2023). 無知学(アグノトロジー)の現在: 〈作られた無知〉をめぐる知と抵抗. 隠岐さや香, 塚原東吾他. 現代思想. 2023年 6月号　特集=無知学/アグノトロジーとは何か-科学·権力·社会. 青土社.

鶴田想人, et al.(2022a). 無知研究の諸相: 無知学·無知の社会学·無知の認識論. 科学史研究. 61. 244~250.

鶴田想人, et al.(2022b). 無知学―その展開と最新の事例(エッセー・レビュー). 科学史研究. 61. 281~287.

丸花由加里(2023.05.10). AIにない「無知の知」が人間の強みに | 佐藤一郎氏-後編-, https://prtimes.jp/magazine/chatgpt-opinion-2/

Bonneuil, C., et al.(2017). *The Shock of the Anthropocene: The Earth, History and Us.* Trans. Fernbach, D., Verso.

Burke, P.(2023). *Ignorance: A Global History*. 이정민 옮김(2024). 『무지의 역사: 알지 못하거나 알기를 거부해온 격동의 인류사』. 한국경제신문.

Dorling, D.(2020). *Slowdown: the end of the great acceleration – and why it's good for the planet, the economy, and our lives.* 김필규 옮김(2021). 『슬로다운』. 지식의 날개.

Firestein, S.(2012). *Igonorance*. 장호연 옮김(2017). 『이그노런스: 무지는 어떻게 과학을 이끄는가』. 뮤진트리.

Proctor, R. & Schiebinger, L.(Eds.)(2008). *Agnotology: The Making & Unmaking of Ignorance*. Stanford University Press.

Sloman, S. & Fernbach, P.(2018). *The Knowledge Illusion: The Knowledge Illusion: Why We Never Think Alone*. 문희경 옮김(2022).『지식의 착각: 왜 우리는 똑똑하다고 생각하는가』. 세종.

01
AI 지(知)의 OS

AI 지(知)의 OS(Operating System)를 기지, 무지, 미지와 결부해 설명한다. AI와 기지의 과거, 기록, 기억의 관계를 살핀다. AI와 무지의 현재와 무지화의 맥락을 설명한다. AI와 미지의 미래와 외계 지능에 대해 살핀다. 이를 토대로 AI 지의 정정하는 힘을 살펴본다. AI 지가 제대로 작동하기 위해서는 AI 지의 정정 가능성이 필요한 이유를 설명한다.

AI와 기지

기지(旣知)는 과거 세계다. 인간은 그림, 이미지, 문자 등을 통해 자신이 경험한 세계의 흔적을 기록한다. 이러한 기록은 데이터라고 불리며, 인간이 시각적으로 인지한 모든 것을 포함한다. AI는 이미 존재하는 데이터를 기반으로 미래를 예측하며, 데이터의 입력과 출력 과정에서 지식 세계가 형성된다. 기지 세계는 기억과 같아서 인간이 남긴 기록이 기억이 되는 순간 공유 가능한 정보가 된다.

AI는 경제적 부가 가치를 창출하지만 무한대로 축적된 데이터는 인간의 의식적, 무의식적 측면을 추론하는 데 사용될 수 있다. 사실과 증거는 비판을 허용하지 않으며, 역설적으로 환상을 만들어 낸다. 사람들은 사실이 명료하게 주어지고 오류가 없다고 여기기 쉽다. AI는 기지의 사실들을 마법처럼 나열하지만 인간이 주관적으로 개입하여 사실을 왜곡할 가능성도 존재한다.

AI 기지는 경로 의존성을 강화하여 현대인들은 타인의 경험을 통해 대리 만족을 느끼는 경향이 있다. 경험에는 위험이 따르기 마련이어서 모두가 성공할 수 없는 상황에서 사람들은 위험을 감수하며 직접 경험하려고 하지 않는다. AI가 기지만을 추구할 경우, 직접 경험을 통해 스스로 생각을 확장할 기회가 차단될 수 있다. 상호 수동성(interpassivity)을 인위적으로 유도하는 시스템이 문제다. 로베르트 팔러(Robert Pfaller)가 제시한 상호 수동성은 타인이 위험을 감수하는 모습을 보며 만족하는 태도를 의미한다. 이는 자신의 안전을 유지하면서 타인의 불행을 즐기는 위험한 태도며 위험하고 불순한 일들을 자신이 직접 할 필요 없이 타인이 감당해야 할 몫으로 여기게 만든다. 실패와 실수를 두려워하여 현상 유지만을 추구한 채 변화를 외면하게 되는 것이다. 결과적으로 개인과 개인, 개인과 사회가 상호 영향을 주고받으며 자기를 발견하는 과정이 어려워진다. 따라서 상호작용성(interactivity)을 중심으로 AI 시스템을 설계해야 한다.

AI가 기지만을 중시한다면 창의적인 세계를 만들 수 없으며, 기지는 조작되고 왜곡될 수 있다는 점을 항상 염두에 두어야 한다. AI 기지의 한계를 인식하고 이를 극복해야 한다.

AI와 무지

무지(無知)는 현재 세계다. 인간은 자신이 알지 못하는 바를 성찰하며 미래로 나아갈 기회를 얻는다. 인간은 과

거의 데이터를 중심으로 현재의 관점과 결합하여 현재 상황을 해석하려 하고, 개인적 차원에서 무지를 발견하는 동시에 사회적 맥락에서 무지가 작동하는 방식을 이해하려 노력한다. 무지는 기지가 지식으로 자리 잡는 과정을 이해하는 데 도움을 준다.

현재 AI는 무지를 추구해야 한다. AI가 특정 사실과 의견을 알지 못한다는 사실을 자각하는 게 중요하다. 인간은 자신이 알지 못하는 세계에 대해 스스로 무지하다는 것을 인지한다. AI의 공학적 도구화가 발전하면서 AI가 모든 것을 검색하고 생성할 수 있다는 착각을 불러일으키지만 이를 맹목적으로 인정하는 것은 위험하다. AI는 모든 현상을 데이터로 기억하고, 데이터 간의 상관성과 인과성을 추론을 통해 드러낸다. 이러한 증거 기반은 객관적인 태도로 보일 수 있지만 기존 데이터와 정보가 혼합되면서 특정 사실을 맹목적으로 지향할 수 있다. 지의 구현 과정에서 발생하는 문제에 대해 사후적으로 접근하는 것보다는 AI 무지가 초래할 문제를 사전에 차단해야 한다. AI 무지가 어떻게 생성되고 이를 토대로 사회적 혹은 윤리적으로 무지의 폭력이 발생하는지를 면밀하게 살펴야 한다. AI에 대한 지식은 AI 무지의 맥락이 어떻게 작동하는지를 파악하는 데 큰 도움이 된다.

AI가 해결할 수 없는 문제에 대한 불확실성을 인식하는 거대 언어 모델의 능력을 평가한 실험 결과에 따르면, 오픈소스(open source) 모델과 클로드(Claude) 모델을 포함한 12개의 최신 LLM(Large Language Model, 거대 언어 모델)은 잘못된 답변을 생성하기보다는 무지를 인정하는 경향을 보였지만 전반적으로 불확실성을 인정하는 데 어려움을 겪었으며 철학적, 심리적 질문에서는 비교적 나은 결과를 보였다(Noever & Mckee, 2024). 그러나 AI는 무지한 결과에 대한 책임감을 느끼기보다는 확실한 답변을 도출하기 위한 기계적 과정에 집중하는 경향이 있다.

AI가 무지화를 생성하는 데 어떻게 활용되는지 살펴볼 필요가 있다. 특정 입장을 강화하기 위해 AI가 무지화를 생산하는 수단으로 사용될 가능성을 인지해야 한다. 이를 방지하기 위해 AI 개발 및 활용에 대한 윤리적 기준을 마련하고 AI 학습 데이터와 알고리즘을 투명하게 공개하며 AI 사용 목적과 결과를 지속적으로 감시해야 한다.

AI와 미지

미지(未知)는 미래 세계다. 인간은 호기심을 갖고 미래에 다가올 일들을 생각하며 대비한다. 미래를 정확하게 파악하는 것은 어렵기 때문에 예언과 예측에 의존하게 되는데 주술적 예언은 인간의 미래에 대한 불안과 공포를 해소해 줄 수 있다고 여겨지며, 공학적 예측 또한 미래 문제를 해결할 수 있다고 믿어진다. 하지만 예언과 예측만으로는 미지의 영역을 제대로 파악할 수 없으며, 미래를 제대로 이해하기 위해서는 미래에 발생할 일들에 대한 조짐을 감각적으로 느끼는 예감이 필요하다.

미래는 기지와 무지 사이에서 발생하므로 미지에 도달하기 위해서는 기지의 한계를 파악하고 무지의 요소를 발견해야 한다. 2024년 노벨 화학상은 인간의 생로병사를 결정짓는 단백질 구조를 예측하고 설계한 데이비드 베이커(David Baker), 데미스 허사비스(Demis Hassabis), 존 점퍼(John Jumper)에게 수여되었으며, 그들은 AI 로제타폴드(RoseTTAFold)를 활용해 단백질 구조를 해명했다. 이는 AI를 통한 미지 탐험이 신학적 혹은 윤리적 문제를 야기할 수 있음을 시사한다.

과학과 수학의 관점에서 미지를 탐색하는 일은 인간의 노력으로는 한계가 있다. AI는 특이점을 향해 나아가고 있으며 생로병사에 대한 미지에 대해 해답을 제시하고 있다. AI는 기지와 무지를 적극적으로 이해하는 과정을 거쳐 낯선 존재와의 만남을 준비한다.

앞으로는 인간 지능과 생명에 대한 탐색을 넘어 외계 지능(alien intelligence)과의 만남을 위해 AI가 활용될 수 있다(岸裕真, 2025). 외계 지능으로서 AI와 함께 생활하기 위해서는 새로운 언어와 문법이 필요하며, 인간을 위한 도구로서의 AI에서 벗어나 인류의 삶을 윤택하게 만들기 위해 낯선 대상을 이해하려는 열린 자세를 가져야 한다. 이를 위해서는 AI 내에서 생성될 오류와 오류를 예민하게 파악하고, AI가 새로운 아이디어를 창출하고 스스로 결정할 수 있는 도구라는 점을 고려하여 인간과는 급진적으로 다른 의사 결정 방식을 이해해야 한다(구은서, 2024).

AI는 탈미래화와 재미래화를 구현하기 위해 기지와 무지에 대한 상상력이 필요하다. 기존 미래에서 벗어나서 다시 새로운 미래를 생성하는 일은 AI가 미지를 탐색하는 과정을 거쳐야만 가능하다.

AI 지의 정점

AI 지는 기지, 무지, 미지를 복합적으로 이해하고 해석할 수 있어야 한다. 기존 지식 정보 처리만으로는 온전한 지의 세계에 도달할 수 있을지 의문이며, 오히려 무지 또는 미지의 세계를 탐색하는 것이 중요하다. AI가 기존 지식 기반에서 작동하며 발생하는 문제점에 대한 대안으로 무지를 새롭게 정의하는 과정을 거친다면 미지의 세계에 새로운 방식으로 접근할 수 있다.

AI 지는 '정정(訂正)하는 힘'을 가져야 한다. '정정하는 힘'이란 조건과 상황을 고려하여 유연하게 입장을 변경하는 능력을 의미한다. 수정주의가 과거를 인위적으로 기억하는 방식이라면 정정주의는 과거를 잊지 않기 위해 현실을 조정하는 방식이다. 리셋(reset)을 주장하는 급진주의는 현실의 모순을 부정하지만 정정주의는 현실을 점진적으로 개선한다. 현재의 원형은 끊임없는 자기 변형과 개선의 결과다(東浩紀, 2023a). 진정성을 바탕으로 자신의 목소리를 유지해야 한다고 생각하는 경향이 있지만 자기 내면과 외면을 성찰하고 실천하는 과정을 통해 '정정'의 정신을 함양해야 한다. 아집과 독단에서 벗어나기 위해서는 비판적인 태도를 적극적으로 갖추는 것이 중요하다. 정정 주체와 객체가 서로 긴밀하게 대화를 나누면서 차이점을 확인하고, 그 결과를 바탕으로 의견을 업데이트하는 것이 필요하다. 이러한 과정을 수용하지 못할 경우, 모든 대상을 재시동해야 한다는 극단적인 주장이 나올 수 있다.

현대 사회의 문제 해결을 위해서는 '정정 가능성'

이 중요하다. 근대인의 한계를 극복하기 위해 타인과의 협력과 협동을 맹목적으로 추구할 필요는 없다. 상호 호혜성은 인간에 대한 신뢰를 전제로 하지만 확신과 맹신은 인간의 본성을 드러낸다(東浩紀, 2023b). 인간의 오류 가능성을 인정하는 것도 중요하지만 오류를 정정하려는 태도가 기회주의적으로 보일 수 있다. 따라서 '정정할 수 없음' 상황을 명확하게 파악하는 것이 중요하다. 혹은 오류와 정정의 순환 과정을 지속적으로 인지하는 순간에 인간은 오만에서 벗어날 수 있다.

AI는 무지의 상황에서 발생하는 문제점을 발견하고, 이에 대한 기존 지식의 맥락을 새롭게 이해한 후, 미지의 영역에 혁신적으로 접근할 수 있는 동력을 확보할 수 있도록 '정정'을 유지해야 한다.

참고문헌

구은서(2024.1.1). 유발 하라리 "AI는 인공 아닌 외계지능이다"[단독 인터뷰 전문]. ≪한국경제≫, https://news.nate.com/view/20240101n17377

東浩紀(2023a). *訂正する力*. 안천 옮김(2024). 『정정하는 힘』. 메디치미디어.

東浩紀(2023b). *訂正可能性の哲学*. 김경원 옮김(2024). 『정정 가능성의 철학』. 메디치미디어.

岸裕真(2025). *未知との創造:人類とAIのエイリアン的出会いに*

ついて. 誠文堂新光社.
Noever, D. & Mckee, F.(2024). The Impossible Test: A 2024 Unsolvable Dataset and A Chance for an AGI Quiz, https://arxiv.org/abs/2411.14486

02
AI 무지학 동향

AI 무지 교육학과 AI 무지 윤리학의 정의, 특징, 성격을 설명한다. AI 지 교육학과 STEAM 교육의 관계를 검토하고, AI 무지 교육학 양상을 살핀다. 아울러 AI 무지 윤리학의 관점에서 AI가 무지와 연관된 사회적 맥락을 지적하고, 이를 토대로 AI 무지를 실천할 방법을 설명한다.

AI 무지 교육학

AI 무지 교육학은 AI 지 교육학을 비판적으로 검토한다. 우선 AI 지 교육학의 특징을 살펴보면 다음과 같다. AI 지 교육학은 교육 현장에서 AI를 적극적으로 활용해야 한다고 주장하며 지능형 교수 시스템, 컴퓨터 기반 교육, 적응형/개인화 학습, 학습 분석 및 교육 데이터 마이닝(data mining) 등의 AI 활용 교육 연구 분야를 포함한다. AI 학습 방법으로는 개인 교수형, 탐구 학습, 협동 학습, 자기 주도 학습 등이 있다.

하지만 AI가 교육 현장에서 활발히 사용되는 만큼 AI 활용 교육 시스템에 대한 신뢰성 검증 데이터 부족, 교육 이론의 미비, 정보 윤리 및 개인 정보 보호 문제, 편향된 데이터에 의한 기계 학습 문제, 딥러닝(deep learning)의 블랙박스 문제, 교사의 역량 부족 등과 같은 고려 사항이 존재한다(최숙영, 2021).

AI 지 교육학은 또한 STEAM(Science, Technology, Engineering, Arts, Mathematics, 과학 · 기술 · 공학 · 예술 · 수학을 뜻하는 영어 단어의 첫 글자를 딴 약어)과의 융합 가능성을 탐색한다. STEAM은 현재 인류의 삶을 이해하는 데 필수적인 생존 기술이자 미래 예측을 위한 보편적 법칙을 정립하는 학문이다. 과학은 연역, 귀납, 가

추를 종합적으로 활용하여 가설을 증명하고 관찰, 통찰, 가설, 검증의 과정을 거친다. 수학은 보편적 원리를 발견하는 데 필요한 보편적 사고를 제시하며, 논리적 사고를 구축하는 데 유용하다. 공학은 과학과 수학의 원리를 실제 생활에 응용하는 분야이며, 기술은 수학, 과학, 공학을 실용적 지식으로 구현하는 도구다. 과학, 수학, 공학, 기술은 자연 세계의 위험에서 벗어나 자연을 인간에게 유용하게 만드는 데 기여한다. STEM 분야는 예술과의 연계를 통해 더욱 발전할 수 있으며, 예술은 시대를 넘어서는 매력을 창출한다.

STEAM 관련 현상을 있는 그대로 이해하는 것뿐만 아니라 긍정적 혹은 부정적 측면을 동시에 고려하는 균형 잡힌 시각을 갖는 것이 중요하다. STEM에만 치중하면 일상적인 감각을 놓칠 수 있고, 예술에만 몰입하면 현실과 동떨어진 환상에 빠질 수 있다. 따라서 AI 시대에는 사회적 요구와 과학 기술을 연결하고, 사물의 본질을 분석하며, 사람과 세계를 소통시키는 능력이 필요하다. 이상과 같이 AI 지 교육학은 STEAM과 결합돼 새로운 교육 관점을 확보할 수 있지만 STEAM 지식을 중심으로 한 교수법과 학습법에 대한 논의로만 일관하고 있다. 지식 중심의 AI 교육에서 벗어나기 위해서 AI와 무지를 연계한 교육 방법을 고민할 수밖에 없다.

AI 무지 교육학은 교육을 통해 인간의 무지를 자각하는 방법을 추구하며, AI 시스템의 비교육적 요소에 대한 대처 방안이 충분히 논의되지 않았음을 지적한다. 따라서 AI, 무지, 교육 간 관계를 심층적으로 탐구해야 한다. 교육은 무지를 극복하는 주요 수단으로서 정보와 지식에 대한 접근성을 높여 사람들이 정보에 기반을 둔 결정을 내릴 수 있도록 해야 한다. 무지와 문맹의 원인을 파악하고 극복 전략을 설계하고 실행하며, 교육의 영향을 평가하는 데 긍정적인 역할을 할 수 있다. 학생은 무지 속에서 가치의 성숙을 추구한다. 교사는 가치 전달 방법과 인본주의적 훈련을 추구하며, 가족은 모범을 통해 가치를 발전시키고 전달할 수 있다. 교육 시스템은 이념적, 정치적인 것을 배제하고 증거에 집중하여 필수적인 지원을 제공해야 한다.

무지와 교육의 연계를 강화하는 방법은 다음과 같다. 사회에서 AI를 사용하는 것은 사회 자체의 가치를 반영하며, 축적된 무지는 개인의 불안정성을 넘어 사회 전체의 무결성을 위협한다. 교육을 통해 이러한 무지를 극복할 수 있으며 무지는 AI 사용을 모니터링하고 권장 사항을 생성하는 방식을 평가하는 자원으로 활용돼야 한다

(MatasTerron & Antonio, 2022). 또한 AI의 무지화에 종속되는 문제점을 파악하는 것이 중요하다.

AI 무지 교육학은 무지학자(agnologist)를 육성하는 데 중점을 두어야 한다. 무지학자는 과학적 조사 결과를 부정하기 위해 사용되는 빅데이터(big data), 그래프와 수치, 디지털 커뮤니케이션 기술의 맥락을 파악하고, 사회를 조작하는 행태를 조사하여 알리는 역할을 수행해야 한다. 또한 과학적 진실을 왜곡하는 시도에 맞서 싸우고 과학에 대한 신뢰를 높이는 방법을 개발해야 한다(Jacquet, 2022.12.12).

AI를 활용하여 AI가 무지를 조성하고 조작할 수 있는 상황을 해결할 수 있는 교육 프로그램을 시급히 마련해야 한다. AI 무지 교육학은 진성 교육(authentic education)과의 연계를 고민할 수 있다. 진성 교육은 자기 주도적 학습, 교수 역할 변화, 대체 불가능한 인재 양성을 추구한다. 특히 챗GPT와 휴머노이드 로봇을 활용하여 자신과 사회, 조직의 문제를 해결하며 미래를 창조하는 능력을 배양한다(윤정구, 2024.04.17). 이러한 과정을 거친다면 AI 무지 교육학은 AI의 무지화 전략을 교육적으로 구사할 수 있게 될 것이다.

AI 무지 윤리학

AI 무지 윤리학은 AI 지 윤리학을 비판적으로 검토한다. 다케치 린타로(武智倫太郎)는 지식 결여에서 오는 독창성을 강조하며 미래 AI 영역에 도전하기 위해 AI 무지 윤리학(AI無知倫理学, AI agnoethics)을 주장한다. 그는 기존 AI 윤리학의 범위를 확장하여 무지의 관점에서 AI와 인간의 윤리적 관계를 고찰하며, 지식의 불완전성이 주는 영향, AI가 미지의 문제에 대처하는 방법, AI의 창의력과 직감 가능성 등을 탐구한다. 지식 부족과 불확실성이 야기하는 위험 과제를 다루고, 이를 완화하고 해결하는 방안을 모색하며, 미래 AI 기술의 잠재적 독창성과 혁신성을 활용하기 위한 윤리 원칙과 가이드라인 개발에 초점을 맞춘다(武智倫太郎, 2023.05.04). AI 무지 윤리학 이념을 조직과 개인에게 도입하여 자기 인식을 높이는 것이 중요하다.

AI 무지 윤리학은 국가, 사회, 기업, 개인의 무지를 조사하고, 이를 바탕으로 AI 윤리를 건전하게 발전시키는 학문 분야다. AI 기술과 인간 사회의 지속 가능한 공존을 목표로 하며, AI 관련 이해관계자들은 무지의 해명, 교육 개선, 연구 추진, 국제 협력 등을 통해 윤리적 문제와 사회적 영향에 대응한다. 개발자, 운영자, 사용자는 무지의 복합적인 요인을 조사하고 해석하여 해결책을 찾아야 하며, 이를 위해 무지의 원인과 해결책을 규명하는 것이 중요하다.

AI 무지 윤리학은 공정한 AI를 구현하기 위한 실천 방안을 제시한다. 주요 논점은 무지, 편견, 개인 정보의 경시, 안전에 대한 무관심이다. 이를 세분화하면 다음과 같다.

첫째, 무지와 관련된 연구는 AI 시스템 개발자의 무지, 국가와 행정의 무지, AI 서비스 제공자의 무지, 사용자의 무지, 그리고 개발자와 운영자, 사용자의 복합적인 무지를 다룬다.

둘째, 편견과 관련된 연구는 AI 시스템이 의도치 않은 편견과 차별을 초래할 수 있다는 전제하에 알고리즘과 데이터 세트(data set)에서 특정 집단에 불리한 결과를 방지하고자 한다.

셋째, 개인 정보 경시와 관련된 연구에서는 개인과 기업의 정보가 여러 요인으로 적절히 보호받지 못하거나 부정적인 상황에 노출되는 것을 방지하고자 한다. 무지한 개발 콘셉트로 만들어진 불완전한 AI 시스템은 데이터 수집 및 처리 시 개인 정보 보호 규정을 무시하고 권리를 침해할 수 있다. 조직은 자신의 무지와 판단력의 한계를 인지하고 데이터 익명화, 최소한의 데이터 활용, 프라이버시를 고려한 알고리즘 개발을 추구해야 한다.

넷째, 안전성에 대한 무관심과 관련된 연구에서는 무지한 AI 시스템의 이해관계자가 안전에 대한 관심이 부족하면 인간과 환경에 해를 끼칠 수 있다는 전제하에 AI 보완책과 버그 수정, 신뢰성 향상을 살펴본다. AI 시스템 안전성에 관한 법률과 규정을 정비하고 이해관계자에게 적절한 교육을 제공하며, 자신의 불완전성을 모르는 사람에게는 안전성 문제를 보고하거나 피드백을 제공해야 한다(武智倫太郎, 2023.05.04).

AI 무지 윤리학은 무지를 학술적으로 연구하며 지속 가능한 사회 구축을 목표로 한다. 목표의 구체적인 내용은 다음과 같다.

첫째, 교육 효과를 향상시킨다. 무지와 오해에 대한 이해와 대책은 교육 현장에서 지도 방법과 학습 과정을 개선하는 데 기여한다. 둘째, 의사 결정의 질을 향상시킨다. 이해관계자들이 선택지와 해결책을 찾는 데 도움을 준다. 셋째, 커뮤니케이션을 개선한다. 타인과의 커뮤니케이션 질을 높여 상호 이해와 협력을 촉진하고, 효과적 팀워크를 실현할 수 있다. 넷째, AI와의 연계를 강화한다. 인간과 AI가 협력하여 높은 실행력과 혁신력을 발휘할 수 있으며, 이는 사회적 과제의 해결에 도움이 된다. 이를 통해 지속 가능한 사회 구축이 촉진된다. 다섯째, 자기 성장과 자기 이해를 촉진한다. 개인의 잠재력을 중심으로 개인의 행복과 삶의 질을 높일 수 있다. 여섯째, 혁신을 촉진한다. 새로운 발상과 아이디어를 만들 기반을 제공하고, 기술 혁신이 촉진되어 경제와 사회의 발전에 기여할 수 있다(武智倫太郎, 2023.05.10).

결론적으로 AI 무지 윤리학은 자신의 무지와 오류를 깨닫지 못하는 사람들이 자신의 행동과 판단을 의심하고, 자기 평가와 문제 해결 과정에 참여할 수 있는 형태를 추구한다.

참고문헌

윤정구(2024. 04.17). 21세기 초뷰카 시대, 대학 교육 패러다임 어떻게 혁신해야 할까? 대학지성 In&Out, http://www.unipress.co.kr/news/articleView.html?idxno=10287

최숙영(2021). 교육에서의 인공지능: 인공지능 활용 교육에 과한 문헌 고찰. ≪컴퓨터교육학회 논문지≫, 11~21쪽.

武智倫太郎(2023.05.04.). AI無知倫理学(AI Agnoethics, 知識の欠如から生まれる独創性：未来のAI倫理領域への挑戦), https://note.com/aiethics496/n/nd8fec4f57512

武智倫太郎(2023.05.04). 新たなAI倫理学の展開: AI無知倫理学における研究と実践.

https://note.com/aiethics496/n/n578b4f51f4cf

武智倫太郎(2023.05.10).
AIの秘密兵器：無知倫理学でビジネスを変革する,
https://note.com/aiethics496/n/n9fdb9b0098f4

Jacquet, J.(2022.12.12).「無知学」によって情報操作を断固として阻む闘いが始まる,
https://wired.jp/article/vol47-the-world-in-2023-science-1/

MatasTerron, A.(2022). Artificial Intelligence and Education: An analysis from Agnotology.
https://riuma.uma.es/xmlui/bitstream/handle/10630/25376/Inteligencia%20Artificial%20y%20Educaci%C3%B3n%20traducida.pdf?sequence=2&isAllowed=y.

03
AI와 선택적 무지

선택적 AI의 성격을 설명한다. AI와 젠더 불평등의 무지화, AI와 젠더 포용성의 무지화, AI와 젠더 혁신의 무지화 양상을 소개하고, 이를 중심으로 선택적 AI의 사례를 분석한다. AI가 선택적 무지를 사용하는 맥락을 인지하기 위한 방법을 제시한다.

선택적 AI

선택적 AI는 지식 선별 과정에서 특정 지식을 선택하고 다른 지식을 배제하거나 무시하기 쉽다. AI가 객관적이고 보편타당한 지식을 기준으로 작동한다고 규정하면 입력값에 따라 의도치 않은 '선택적 무지' 상황을 초래할 수 있다. 사람들은 AI가 공정하다는 환상에 빠지기 쉬우며, AI의 무의식적인 선별 과정으로 인해 AI 구조 자체를 비판적으로 보기 어렵다.

선택적 AI는 수동적으로 무지 상황을 제시하므로 그 실체를 파악하기 어렵다. 이는 옳고 그름의 문제가 아니라 우선순위에 따라 무지가 차별적으로 구조화되는 현상이다.

선택적 AI는 개발자가 설계한 대로 작동하며 계급, 인종, 성별 등에 따라 선택적 무지를 생성할 수 있다. 편견과 편향이 비판 없이 적용될 경우, AI는 인간에 대한 왜곡 정보를 제공하여 인간을 무지하게 만들 수 있다. 이러한 상황에서는 인간과 AI의 올바른 공존을 기대하기 어렵다. 특히 AI 프로젝트가 진행되는 과정에서 무의식적으로 작동할 수 있다. 프로젝트의 전후 과정에서 소수자에 대한 포용적인 태도가 결여될 수 있다.

AI와 젠더 불평등의 무지화

르완다 출신의 나타샤 상와(Natacha Sangwa)는 성별 고정 관념을 깨고 ICT(Information & Communications Technology, 정보 통신 기술) 분야에서 성공하고자 했던 소녀다. 그녀는 아프리칸 걸스 캔 코드 이니셔티브(African Girls Can Code Initiative) 프로그램에 참여해 코딩, 로봇 공학, 성평등을 배웠다. 특히 이 프로그램을 통해 기술 격차, 역할 모델의 중요성, 포용적 기술 개발의 필요성을 깨달았다. 그녀는 소녀들이 기술 분야에 참여할 수 있도록 멘토링(mentoring)과 지원이 필수적이라고 강조한다(UN WOMEN, 2024.04.19).

UN WOMEN에서는 AI와 성평등 문제를 심층적으로 분석하며, 성평등의 실현을 위한 조건을 제시한다. AI 성별 편향은 데이터 편향과 디지털 격차에 비롯되며, AI 개발자와 데이터에 내재된 편향성으로 인해 성평등 격차는 쉽게 해소되지 않는다. AI 훈련 데이터에는 가부장적 구조와 남성 위주 개발자들의 편견이 반영되어 있어 다양한 성별 및 인종 관점이 부족하다. 이러한 격차는 서비스 품질 저하, 직업, 신용, 의료 분야에 편향된 결정으로 이어질 수 있다. AI 성별 편향을 제거하기 위해서는 데이터의 허위 진술 평가, 다양한 성별 및 인종 경험을 포함한

데이터 제공, AI 개발팀의 포용성 강화가 시급하다. 또한 STEM과 ICT 교육과 직업에서 소녀와 여성의 접근성과 리더십을 강화하여 AI 분야의 여성들의 참여를 적극적으로 독려해야 한다. 디지털 기술 발전 과정에서 특정 계층과 계급이 배제되었던 과거를 기억하며, 국제 협력을 통해 기술, 인프라, 디지털 경제 발전에 모든 계층을 포용해야 한다(UN WOMEN, 2024.06.28).

AI는 사람들에게 편리함을 제공하고 위험을 줄여 주지만 AI 권력이 소수의 기업, 국가, 개인이 AI 권력이 집중되는 문제가 있다. 남성 중심의 AI 개발 문화는 특정 성별에 대한 편견을 강화하고 젠더 불평등 문제를 해결하지 못한다. 특정 성별을 우선시하는 선택적 접근 다른 성별을 간과하는 결과를 초래하며, AI가 기술 산업과 노동 시장에 영향을 끼치는 과정에서도 특정 계급이 배제될 수 있다. AI가 젠더 문제를 간과하는 한 지속 가능한 발전은 불가능하며, AI는 젠더 관련 '선택적 무지'에 빠질 수 있다는 점을 항상 인지해야 한다.

AI와 젠더 포용성의 무지화

AI 시스템 내 성별 편향성 문제는 여러 형태로 나타난다. 예를 들어 아마존의 AI 채용 도구는 여성에게 불리하게 작동하는 편향성을 드러냈고 마이크로소프트(Microsoft)의 테이 챗봇(Tay chatbot)은 출시된 지 24시간 만에 성차별적 콘텐츠를 생성했다. 애플(Apple)의 시리(siri)는 여성 안전 및 괴롭힘 관련 질문에 대해 성별 고정관념을 강화하는 답변을 제시했으며, 애플의 신용 카드 알고리즘은 유사한 금융 프로필을 가진 남성보다 여성에게 낮은 신용 한도를 부여했다. 페이스북(Facebook)의 광고 알고리즘은 직업 광고에서 성별 고정관념을 강화하여 성별에 따른 기회 불균형을 초래했다.

하지만 이러한 문제를 인식하고 해결하려는 노력도 존재한다. 구글(Google) 번역은 튀르키예어와 같은 일부 성 중립 언어에 대해 남성과 여성 번역 옵션을 제공하고 있지만, 스와힐리어와 같은 언어에서는 여전히 남성 대명사를 기본 설정에서 변경하지 않는다. 아이비엠(IBM)의 왓슨 포 온콜로지(Watson for Oncology)는 다양한 성별 인구 통계를 반영한 임상 데이터와 통찰력을 통합하여 공정한 치료를 권장한다. 스포티파이(Spotify)의 이퀄라이저 프로젝트(equalizer project)는 성별 비율을 맞춘 큐레이션 플레이리스트(curation playlist)를 제공하고, 여성 아티스트의 가시성을 높였다. 핀터레스트(Pinterest)는 미용 관련 검색에서 전통적인 미의 기준에 도전하고, 다양한 인종, 민족, 성별 표현을 포함하는 검색 알고리즘을 개선했다(Gloriana & Mohamedi, 2024.07.09).

젠더 포용성을 추구하기 위해서는 AI에 입력된 젠더 편견을 지식의 관점이 아닌 무지화 전략으로 간주해야 한다. 포괄적인 데이터 수집, 공정한 알고리즘 설계도 중요하지만 특정 관념이 선택되는 과정 자체에 주목해야 한다. 소수 집단이 특정 지식과 기술을 독점하고, 이를 강화하기 위해 다른 집단을 지식의 영역에서 배제할 수 있다. 다양성과 포용성 교육만으로는 AI의 근본적인 구조적 문제를 해결하기가 어렵다.

DEI(Diversity, Equity, Inclusion, 다양성 · 형평성 · 포용성을 뜻하는 영어 단어의 첫 글자를 딴 약어) 구현의 당위성은 당사자의 입장을 진정으로 반영하려는 것처럼 보이지만 실제로 특정 입장이 수용되지 못하기도 한다. 따라서 AI가 젠더 문제 포용 과정에서 무지화가 발생할 수 있다는 점을 고려해야 한다. 젠더화와 무지화가 결합하여 AI에 접근 기회가 박탈되는 상황이 발생하며, AI 젠더 관련 문제 발생 후 사후 수습만 반복되는 악순환이 이어지고 있다.

AI와 젠더 혁신의 무지화

론다 쉬빙어(Londa Schiebinger)는 무지학 분야의 선구자로서 과학과 젠더의 선택적 무지를 수동적인 관점에서 분석한다. 그녀는 과학 연구 과정에서 발생하는 성별 편향에 기반을 둔 체계적인 무지에 주목한다. 그녀는 다음 네 가지 접근 방식을 통해 문제 해결을 시도한다. 여성 및 소외된 그룹의 참여를 증가시키기(fix the numbers), 연구 조직 내 구조적 변화를 통해 포괄적 평등을 촉진하기(fix the institutions), 성별과 교차성 분석을 연구에 통합하여 과학 및 기술의 우수성을 증진하기(fix the knowledge), 젠더 혁신을 요구하기(what is gendered innovations)를 다룬다. 그녀는 스탠퍼드 대학교에서 젠더 혁신 프로젝트를 추진하며 성별과 교차성 분석을 통해 젠더 편향성의 위험을 경고하고 젠더 분석의 가치를 강조하여 연구 및 엔지니어링 성과를 개선시킨다. 그녀는 무지학을 학문적 지식의 생산 과정에서 무지의 문화 정치를 분석하는 도구로 활용하며 다음 사항을 추구한다. 사회의 유한한 지적 자원의 할당 및 질문 설정 등 연구의 출발점이 되는 우선 사항을 결정하기, 연구에 필요한 이론 및 개념을 재고하기, 성과 젠더의 교차성을 분석하기, 제품 디자인에 사용자의 경험을 반영하고 백인 남성을 기준으로 한 표준 모델을 수정하기를 추구한다.

AI와 젠더 혁신을 결부하는 것은 중요하다. 젠더 혁신은 기술과 과학 분야에서 성별 포용성을 증진할 방안을 모색하며, IT 기업 내 수동적인 성차별 문제를 공정하게 파악하고 해결하는 방법을 제시한다(鶴田想人, et al., 2022).

젠더 무지화에 빠진 인식은 지식 편향과 무지를 초래하여 여성과 소수자를 불리하게 만들 수 있다. AI를 통한 젠더 혁신은 선택적 무지의 문제점을 지적하고, 현실적 대안을 제시한다. 지식 편향성과 무지에 대한 책임을 지고, 제도적 책임과 시민의 책임 의식을 통해 통합해야 한다. 사회적 편향성과 무지에 대한 책임을 지고 공정한 지식과 기술을 개발하여 사회적 평등을 증진시킬 수 있다(鶴田想人, 2024). 수동적 무지와 젠더 혁신이 상호 책임의 기반을 마련하면 무지화 전략의 한계를 파악해 신규 무지 영역을 확보할 수 있다.

선택적 무지 알아채기

선택적 무지는 수동적으로 무지한 상황을 조성하기에 특정 지식이 능동적으로 배치되는 것처럼 보이지 않아 간파하기 어렵다. 이는 개인이나 집단이 특정 관점을 선택하는 과정에서 자신도 모르게 무지화 전략을 사용하는 현상이다.

선택적 무지는 AI 무지화를 수동적으로 인식하기에 앞서 AI를 역으로 이용하는 방법을 모색할 수 있다. 예를 들어 성별을 고려한 데이터 수입과 분석, 그리고 이를 바탕으로 한 정책 및 프로그램 마련, 성별 포용성을 구현한 교육을 통한 성별 혐오와 편견 극복, 기술 개발 과정에서 성별을 고려한 접근법 마련 등을 통해 젠더 혁신을 실현할 수 있다. 기술 공학적 관점에서는 기술 구성 및 활용 전체 단계의 젠더 편향성을 완화하는 대응이 필요하고, AI 기술의 젠더 편향성을 해결을 위한 법적 제도의 보완 또한 필수적이다(문미경, 2023).

선택적 무지를 알아채기 위해서는 지식이 유통되는 맥락을 살피고, 지식의 범주에 포함되지 않는 영역을 수용할 수 있는 기반을 마련해야 한다.

참고문헌

문미경(2023). 인공지능 속 젠더 편향성 완화를 위한 정책적 개선방안. ≪ISSUE PAPER≫, 1~7쪽.

鶴田想人, et al.(2022). 無知学――その展開と最新の事例. *科学史研究*. *61*(303). 281~287.

鶴田想人(2024). 「責任」としてのジェンダード・イノベーション
ーー無知学からヤングの責任論へ,
https://elsi.osaka-u.ac.jp/research/3046
Gendered Innovations.
https://genderedinnovations.stanford.edu/index.html
Gloriana, M. & Mohamedi, M.(2024.07.09). From Bias to Balance: Navigating Gender Inclusion in AI.
https://www.intechopen.com/online-first/1192227.
UN WOMEN(2024.04.19). Girls who can code and break stereotypes: an interview with Natacha Sangwa,
https://www.unwomen.org/en/news-stories/interview/2024/04/girls-who-can-code-and-break-stereotypes
UN WOMEN(2024.06.28). Artificial Intelligence and gender equality,
https://www.unwomen.org/en/articles/explainer/artificial-intelligence-and-gender-equality

04
AI와 전략적 무지

전략적 AI의 성격을 설명한다. AI 음모론의 무지화, AI 가짜 뉴스의 무지화, AI 딥페이크의 무지화를 중심으로 전략적 AI의 사례를 분석하고 무지화의 전략을 살펴본다. AI가 전략적 무지를 사용하는 맥락을 알아차리기 위한 방법을 제시한다.

전략적 AI

전략적 AI는 특정 집단이 자신의 이해관계를 강화하기 위해 의도적으로 무지화 전략을 사용한다. 여러 소셜 미디어 플랫폼에서는 이념 및 이익 추구 행태가 노골적으로 드러나며, 실리콘 밸리 IT 기업들은 AI의 편리성을 과장하여 AI 신화를 만들고 수익만을 추구하면서도 이에 따른 문제점은 외면한다. AI는 거짓과 진실을 교묘하게 숨기거나 특정 입장이나 견해를 드러내는 데 활용된다. AI가 특정 전략을 무의식적으로 활용하면서 특정 집단의 이익을 강화하는 데 기여한다.

전략적 AI는 의도적으로 무지화를 위한 시도를 실행한다. AI는 사람들의 무의식을 장악하여 스스로 무지의 덫에 걸렸다는 사실조차 인지하지 못하게 만들고, 무지가 발생한 맥락에 대한 비판적 의견 제시를 차단한다. 매 순간 AI 작동 이면에 숨겨진 의도를 파악하는 데 소홀해서는 안 된다.

전략적 AI의 무지의 전략적 개입은 최적화 및 효율화를 통해 원하는 목표를 달성하는 데 효과적이다. 따라서 AI와 관련된 전략적 무지의 양상을 면밀히 파악하고 경각심을 가져야 한다.

AI 음모론의 무지화

2021년 1월 6일, 미국 연방 의회 습격 사건은 도널드 트럼프(Donald Trump) 지지자들이 2020년 대선에서 부정 선거가 있었다고 주장하며 조 바이든(Joe Biden) 대통령의 취임을 저지하려던 과정에서 발생했다. 이 사건의 주동자들은 큐어넌(QAnon)이라는 음모론을 맹신했다. 큐어넌은 2018년 미국 인터넷에서 확산된 음모론으로 '딥 스테이트(deep state)'라는 비밀 결사가 미국 내부 갈등의 원인이라고 주장한다. 2010년대 이후 브렉시트(brexit) 국민 투표, 트럼프 대통령 당선, 코로나19 팬데믹(pandemic), 러시아의 우크라이나 침공 등 정치적, 사회적 격변이 있을 때마다 음모론이 등장하여 사회 혼란을 야기했다.

음모론(conspiracy theory)은 정치와 사회에서 중대한 사건이나 사고가 발생한 근본 원인을 두 명 이상의 강력한 영향력을 가진 인물이 비밀리에 계획했다고 보는 이론이다. 음모론자들은 음모론적 신념(conspiracy belief), 음모론적 사고(conspiracy thinking), 음모론적 마인드셋(conspiracy mindset)에 따라 특정 사안에 대해 사회적 파장을 일으킬 수 있다. 그들은 현재 벌어지는 현실을 받아들이지 못하는 경향이 강하며 현실과 이상

사이의 괴리에서 불만을 느낀다. 대체로 소수로서 고립감과 우월감, 사회적 낙인, 주류에 대한 의심, 통설을 만들고 싶은 욕구를 충족하기 위해 음모론에 빠져든다(秦正樹, 2022).

음모론은 검증이 불가능하며 소수의 사람들이 사회적 적대감을 표출하는 수단으로 활용하기도 한다. AI와 결합한 음모론은 여론을 형성하는 데 강력한 영향력을 발휘한다. AI는 특정 세력의 입장을 인터넷을 통해 확산시켜 의견의 동질성을 강화하지만 자신의 신념을 타인에게 강요하는 경향이 있다. 다수 혹은 소수가 음모론적 입장을 수용하거나 거부하는 과정에서 음모론의 배후를 파악하기는 매우 어렵다.

음모론자들은 자신의 신념을 절대적으로 믿는 경향이 있다. 자신의 신념과 다른 세력을 무지하다고 여기면서도 서로 소통하려 하지 않기 때문에 음모론 찬성파와 반대파는 음모론의 성격을 규정하기 위해 첨예하게 대립한다. 음모론이 AI를 통해 정설로 자리 잡으면 건전한 의견 공유가 어려워진다. AI는 음모론을 전파하는 과정에서 음모의 무한 확장을 부추길 수 있다.

AI 가짜 뉴스의 무지화

가짜 뉴스는 특정 세력이 자신의 입장을 타인에게 전달하기 위해 의도적으로 진실처럼 꾸며낸 허위 정보를 의미한다. 가짜 뉴스 발신자는 특정 의도를 가지고 수신자에게 정보를 전달한다. 반면 음모론과는 달리 가짜 뉴스는 사실 여부를 검증할 수 있다.

최근 AI 기술과 결합하면서 누구나 손쉽게 선전 매체를 만들고 실제 뉴스와 구별하기 어려운 콘텐츠를 생산할 수 있게 되었다. AI 가짜 뉴스는 오보(misinformation)를 빠르게 확산시키는 슈퍼 전파자가 되고 있다(Pranshu, 2023.11.17). 이로 인해 잘못된 정보로 인한 피해, 전통적 지식 권위에 대한 신뢰 손상, 민주적 의사결정의 훼손 등의 문제가 발생한다(山田圭一, 2024).

가짜 정보가 쉽게 유통되는 상황에서는 사실 여부를 면밀히 검토해야 한다. 가짜 뉴스는 익명의 소수 또는 다수가 특정 의도를 가지고 사회적 소통에 개입하는 수단으로 활용된다. 뉴스의 권위가 하락하는 상황에서 기존 매체를 대신해 AI로 생성한 이야기가 유통되고 있다. 과거에는 특정 입장이 사회적으로 유포되는 데 물리적 또는 시간적 제약이 있었지만 AI 가짜 뉴스는 인터넷 네트워크를 통해 빠르게 공유되고 확산된다.

AI는 가짜 뉴스가 허위임에도 진실처럼 유포되는 데 기여한다. 하지만 AI 가짜 뉴스는 지식을 다루는 전문가의 영역을 부정하는 경향이 있다. 이를 막기 위해서는 전문가의 역할이 중요하지만 비전문가들은 전문가의 주장을 이해하기 어렵다는 문제가 있다. 특히 전문가들의 이해관계나 편향성에 따라 정부, 특정 산업 및 기업의 이해관계가 반영되어 편향성이 강화될 수 있다(山田圭一, 2024).

따라서 AI는 가짜 뉴스에 대한 전문가들의 주장이 특정 집단의 이해관계를 대변하며 무지화의 맥락을 강화하는 데 활용된다. 전문가들이 사실 검증을 소홀히 하면 사회 구성원들에게 진실에 대한 무지한 입장을 강요할 수 있다. 온갖 오보가 난무하는 상황에서 사람들은 사실이 무엇인지 고민하지 않게 된다. 이때 전문가들이 자신의 이해관계를 바탕으로 편향된 입장을 제시하면 무지화가 작동한다.

AI 딥페이크의 무지화

허위 정보 연구 회사 그래피카(Graphika)는 온라인 커뮤니티 포챈(4chan)에서 팝스타 테일러 스위프트(Taylor Swift)의 딥페이크 음란물이 유포된 것을 확인하고 추적 결과를 공개했다. 포챈 사용자들은 AI를 이용해 유명 여성의 음란 이미지를 제작하는 실험을 했다고 밝혔다(신재우, 2024.02.06). 이러한 현상은 AI가 딥페이크를 생성하면서 일상에서 자주 발견되고 있다. 이에 대한 자각 없이 불법 콘텐츠가 제작 · 소비되고 있다.

딥페이크(deep fake)는 딥러닝(deep learning)과 페이크(fake)의 합성어로 특정 인물의 얼굴과 음성을 AI 기술로 합성한 편집물을 의미한다. AI를 통해 딥페이크 영상과 이미지를 무한히 생성할 수 있으며, 일부 집단은 유명인뿐만 아니라 일반인의 이미지를 무단으로 도용하여 유해한 콘텐츠를 제작하고 있다.

딥페이크 생성물 무단 이용 사례는 다음과 같다. 가짜 뉴스 제작, 음란물 제작, 유명인 사칭 영상 제작, 상품 및 서비스 광고에 유명인 이미지와 목소리 도용, 대화형 AI 서비스에 유명 목소리 도용, 노래 제작 등이다.

이러한 문제로 인해 퍼블리시티권(right of publicity)에 대한 논의가 활발해지고 있다. 퍼블리시티권은 개인이 자신의 이미지와 목소리 등 개인적 속성을 상업적 목적으로 사용할 수 있는 권리로 상업적 광고와 마케팅에 무단 사용을 금지해 보호하려는 것이다(박준우, 2024). AI 딥페이크는 개인의 퍼블리시티권을 심각하게 침해한다. 일부 집단은 정치적 또는 경제적 이익을 위해 타인의 인권을 무시하는 결과를 초래한다. 아울러 일부 사람들은 자신의 욕망을 충족하기 위해 AI 딥페이크를 소비하는 데 몰두하고 있으며, 타인의 이미지를 소비하며 인격권을 침해하는 것은 윤리적으로 옳지 않다. 여성에 대한 이미지 조작과 합성이 무분별하게 이루어지고 있으며, AI 딥페이크를 검열하거나 검토하지 않고 이미지와 영상을 유통하는 형태가 만연하고 있다.

AI 딥페이크는 잘못된 정보를 확산시키고 사생활을 침해하며 불법과 탈법 상황을 정확하게 판단하지 못하게 하는 문제를 발생시킨다. AI가 특정 이미지와 영상을 무제한으로 합성하는 방식 이면에 숨겨진 정치적 또는 경제적 이해관계를 파악하는 것이 어렵다.

전략적 무지 알아채기

전략적 무지는 무지를 전략적으로 구상하는 과정에서 발생한다. 특정 집단은 자기 의도를 외부로 드러내지 않고도 경제적 이익을 위해 특정 지식을 활용한다. AI 기반 음모론, 가짜 뉴스, 딥페이크는 객관적으로 사실인 것처럼 보인다. 현재 거짓과 불법 페이크를 인식하는 AI 개발이 진행 중이지만 이 역시 AI를 이용한 무지화 전략을 파악하는 데는 한계가 있다.

전략적 무지는 IT 기업들이 자본 증식 알고리즘을 만드는 데 일조한다. 자본을 증식하는 데 적합한 알고리즘은 사람들의 비판적 태도를 마비시킨다. 페이크 문제는 자본화의 수단에 불과할 수 있다. AI 기반 전략적 무지는 지식의 권위를 훼손한다. 지식과 지식인이 부족한 상황에서 경제적 이익을 늘리기 위해 유사 지식과 지식의 무지화에 참여하고 있다.

전략적 무지가 AI 뒤에서 작동하는 맥락을 미리 파악해야 한다. 전문가들은 이해관계와 편견에서 벗어날 수 있는 사회적 제도를 마련해야 한다. 지식의 자본성과 공공성을 무지의 관점에서 이해할 수 있는 능력을 키워야 한다.

참고문헌

박준우(2024). 인공지능(AI)·딥페이크 생성물의 퍼블리시티권 침해 연구. ≪산업재산권≫, 315~354쪽.

신재우(2024.02.06.). “스위프트 ‘음란 딥페이크’, 악성 커뮤니티서 ‘챌린지’로 시작”, https://www.yna.co.kr/view/AKR20240206069300009

山田圭一(2024). *フェイクニュースを哲学する——何を信じるべきか*. 岩波書店.

秦正樹(2022). *陰謀論-民主主義を揺るがすメカニズム*.

中央公論新社.
Pranshu, V.(2023.11.17). The rise of AI fake news is creating a 'misinformation superspreader', https://www.washingtonpost.com/technology/2023/12/17/ai-fake-news-misinformation/

05

AI와 다원적 무지

다원적 AI의 성격을 설명한다. AI 추천 알고리즘의 무지화, AI 필터링의 무지화, AI 디지털 독백의 무지화를 중심으로 다원적 AI의 사례를 분석하고, 무지화의 전략을 살펴본다. AI가 다원적 무지를 사용하는 맥락을 알아차리기 위한 방법을 제시한다.

다원적 AI

다원적 AI는 사람들이 자신의 믿음과 행동이 타인과 다르다는 것을 인식하도록 돕는다. 사람들이 서로 생각을 공유하는 것처럼 보이는 상황에서도 실제로는 다수 의견을 따르는 사람이나 소수 의견을 고수하는 사람 모두 자신의 판단에 대한 확신이 부족한 경우가 많다.

다원적 AI는 특정 상황에서 자신의 판단과 관련 없는 요소들이 존재한다는 점을 고려하여 특정 사안에 대해 방관자적 태도를 취하는 데 적합하다. AI는 집단과 개인의 입장이 불일치하는 상황을 만들 수 있다. 각자 이해관계가 달라 동일한 입장을 표현하기 어려운 상황에서 AI가 특정 사실을 조율하는 것처럼 보이지만 여전히 공통된 의견을 제시했다고 볼 수 없다.

다원적 AI가 고도화되면 일차원적 입장만 표명되는 경향이 있다. 일차원적 사회에서는 집단 분위기를 파악하는 데 급급하거나 소수 의견을 고수하려는 경향이 나타난다. AI는 전체와 부분 간의 의견 불일치를 심화시킨다. 다원적으로 입장이 표현된 것처럼 보이지만 일차원적 관점을 제시하고 있을 뿐이다. 동일한 사안을 바라보는 관점 사이에 공통분모를 형성하기 어렵다.

AI 추천 알고리즘의 무지화

AI는 사람들의 데이터를 기반으로 이용자의 요구와 기대에 부응하는 뉴스를 추천하는 경우가 많다. 뉴스는 공공 의견을 수렴하는 통로다. 뉴스에 반영된 사실과 의견을 바탕으로 각 개인은 특정 현안에 대한 자신의 입장을 결정한다. 사용자가 선호하는 뉴스 데이터가 하나의 패턴으로 인식되면 그에 맞는 뉴스만 제공된다. 사용자들은 특정 입장의 뉴스에만 노출되어 다른 관점을 수용하기 어려워진다.

내집단 성향이 강화되면서 외집단과의 교류가 어려워지고, 고정관념을 가지고 살아가게 된다. 현대 사회에서는 다양한 디지털 매체를 활용한 자기표현이 흔하다. 익명과 실명을 불문하고 자기표현 욕구를 충족하려는 모습이 나타나는데 특히 사이버불링(cyberbullying) 현상이 자주 발견된다. 인터넷상에서 댓글 등을 통해 특정인이나 특정 견해를 일방적으로 협박하고 비방하는 행위가 빈번하게 일어난다. 사이버불링은 마치 온라인 게임처럼 진행되며 응징 대상을 처벌해야만 게임에서 이길 수 있다는 믿음하에 벌어진다(仲正昌樹, 2024). 또한 캔슬 컬처(cancel culture) 현상이 두드러지고 있다. 이는 개인이나 단체의 사회적 발언에 대해 즉각적인 대중적

비난과 따돌림이 일상화되는 현상을 말한다. 익명 또는 실명을 사용하는 대중은 자신의 입장이나 의견과 다른 대상을 응징하려는 욕망을 빠르게 표출한다.

커뮤니티가 붕괴되면서 사람들은 자신에게 유리한 정보만 선택하는 경향이 강해진다. 이는 불편한 진실을 외면하고 자신의 편향성을 강화하는 방향으로 이어진다. 결과적으로 사안의 복잡한 맥락을 이해하지 못하고 외부 대상을 혐오하는 데 그치게 된다. 정의로워 보이는 집단행동이 도덕적, 윤리적 검토 없이 거친 방식으로 나타나기도 한다. 온라인에서는 비상식적인 발언이 난무하고, 오프라인에서는 폭력적인 방식까지 동원된다. 반사회적이고 반상식적인 언행을 어디까지 용인해야 할지 의문이 제기된다. 이러한 행위에 대해 사회가 어느 정도까지 관용을 베풀어야 하는지에 대한 논의가 필요하다. 정의와 공정은 순간적으로 폭력으로 변질될 수 있으며 정치적 올바름을 무조건 강요하는 방식은 오히려 반사회적 행위를 정당화하는 데 기여할 수 있다. 자유로운 표현에 따른 책임을 분명히 인식할 수 있는 기반을 마련해야 한다.

AI 필터링의 무지화

AI 필터링(filtering)은 AI가 사용자의 취향에 맞춰 특정 정보를 선별하는 기능이다. 불필요한 정보를 사전에 걸러 내어 사용자의 생각을 강화하는 데 도움을 준다. 하지만 AI 필터링을 거친 정보를 무조건 신뢰할 수는 없다. AI가 제공하는 정보에만 의존하면 자신의 생각을 제대로 표현하기 어려워진다. 또한 자신의 취향에 맞지 않는 정보를 노이즈로 간주할 수 있다. 결국 자신의 의지와 상관없이 AI에 종속되어 무지화에 빠질 수 있다.

데이터 기반 시대에 사실이 사건의 본질을 보여 준다고 생각하기 쉽다. 객관적인 사실을 살피는 과정은 중요하지만 사실을 생산하는 시대에는 사실만으로 새로운 세계를 창조할 수 없다. 사실 너머의 세계를 상상하지 못한 채 사실의 굴레 속에서만 벌어지는 인정 투쟁은 사실 생산의 불평등을 간과한다. 경제적 여유가 있는 사람들이 사실 생산을 독점하기 때문에 현실을 새롭게 만들 여지가 부족해진다. AI 세계에서는 사실이 왜곡되고 조작될 수 있음을 염두에 두어야 한다. 기존 시스템에서 생산되는 사실이 무한 반복되기에 사실 이외의 세계는 주목받지 못한다. 기존 시스템 내에서 오류와 모순을 개선하는 것만으로는 새로운 영역을 확보할 수 없다.

우리는 AI 세계 너머의 세계를 상상해야 한다. 하지만 새로운 세계를 만들기 위해 환상에만 빠져서는 안 된다. 메타버스(metaverse)와 같은 환상 세계는 현실을 유혹하지만 실제 삶의 모습을 자각하는 데는 한계가 있다. 사실과 환상이 상호 작용하기 위해서는 상상이 필요하다. 허구에 기반을 둔 상상력은 사실과 환상의 한계를 동시에 넘어설 가능성을 제시한다.

데이터와 증거 기반으로 상황을 파악하는 일은 사실을 면밀하게 해석할 기회를 놓칠 수 있다. 현실은 개조되어야 한다. 현실은 사실의 집합이며 현실을 제대로 개조하려면 사실을 면밀히 고찰해야 한다. 사실에 주목하는 상황에서 사물 개조가 진행되었지만 현실에만 몰두하면 현실에 갇혀 새로운 세계를 만들 수 없다.

현실과 다른 세계를 추구하는 일에 주목할 필요가 있다. 현실의 사실을 변화시키기 위해서는 새로운 세계를 상상하는 과정을 거쳐야 한다. 사실이 허구와 결합하는 순간 새로운 세계의 맥락을 구성할 수 있을 뿐만 아니라 현실에서는 발견할 수 없었던 오류와 모순을 해결할 수 있다.

AI 디지털 독백의 무지화

AI 디지털 독백에는 인내와 절제에 기반을 둔 망설임이 없다. 개인에게 최적화된 발화 수단이 고도화되어 있어 타인의 목소리를 경청하는 태도가 부족하다. 디지털에서 서로 언어로 의사소통하고 있는 것처럼 보이지만 실제로는 각자 자신의 이야기를 전달하는 경우가 많다. 각종 디지털 플랫폼은 디지털 독백을 표현하는 데 안성맞춤이다. 디지털 플랫폼 속 언어는 자기 발화 중심주의에 빠져 있다. 그래서 서로 공통의 합의점을 발견하기가 어렵다.

언어는 현대 사회에서 매우 중요한 역할을 한다. 언어는 미디어와 배리어(barrier)의 경계에 위치한다. 문어(文語)는 인간의 기억력을 약화시킨다고 여겨졌다. 언어는 현실을 단순하게 표현하는 모조품에 불과하다고 생각됐다. 인간은 현장에서 현실적인 소통 상황에서 직접적으로 자기 의사를 타인에게 전달할 수 있지만 모든 사안을 즉시 타인에게 표현할 수는 없다. 인간은 구어와 문어를 활용해 자신의 생각을 표현한다. 구어와 문어는 완벽한 소통 수단이 아니며, 불확실하고 불완전한 수단으로만 존재한다. 인간은 소통하기 위해서 언어를 활용할 수밖에 없지만 언어적 소통에는 하나의 장벽이 놓여 있다. 발신자와 수신자가 놓인 위치에 따라 각자 생각하는 바가 다르기 때문이다. 동일한 언어를 발신하고 수신하는 과정에서 예기치 않게 소통 맥락이 상실되기도 한다(古田哲也, 2024).

AI가 발달한 상황에서는 언어 마법이 구현된다고 상상하지만 언어 장벽이 디지털 기술에 의해 해소될 수 있다는 생각은 언어를 둘러싼 복잡한 문제를 단순화시키는 오류를 범한다. 언어 장벽의 경계에 위치한 인간을 간과하는 것이다. 인간은 언어를 단순한 소통 수단으로만 여기지 않는다. 언어를 제대로 사용하기 위해서는 언어의 결함을 인정해야 한다. 언어가 불완전한 수단이라는 점을 고려하지 않으면 의사소통이 제대로 이루어지지 않는다. 언어의 애매성, 다양성, 유연성을 파악하는 독자적인 관점이 필요하다. 이를 위해서는 디지털 애플리케이션을 활용하는 일에 몰두하기 전에 스스로 생각하는 힘을 길러야 한다.

다원적 무지 알아채기

다원적 무지는 1920년대 사회심리학자 플로이드 알포트(Floyd Allport)가 제시한 개념으로 인종 관계, 국제 정치, 투표 선호도 등 다양한 문제에 대해 다른 사람들은 자신과 다르게 생각한다고 잘못 추정함으로써 생기는 심리적 오해를 나타낸다(구교태, 2011).

다원적 무지는 다수와 소수의 생각과 의견이 불일치하는 상황에 놓인 AI 공론장에서 자주 발생한다. 사람들은 자신과 타인의 생각을 비교하거나 검토하지 않은 채 자기 생각만 옳다고 여기는 경향이 있다.

다원적 무지가 작동하는 AI 시대는 자기와 무관한 일에 관심이 없다. 젠더, 난민, 기후, 인종 같은 문제도 당장 도움이 안 되면 신경 쓰지 않는다. 하지만 내가 존재하는 건 무관한 것들과의 연계 속에서 비롯된다. 우연과 필연이 교차하는 맥락에서 나와 무관한 일이 실제로 나와 상관있다는 점을 알아야 한다. 남이 위기에 처한 일을 나와 상관있다고 여기는 태도는 일상의 한계를 넘는 길이다. 무관에서 상관으로 이행하며 서로가 연관되었다는 점을 깨달아야 대화 가능성을 마련할 수 있다.

참고문헌

구교태(2011). 외국인에 대한 한국인의 다원적 무지(pluralistic ignorance) 현상에 대한 연구. ≪언론과학연구≫, 5~27쪽.

古田哲也(2024). *言葉なんていらない?：私と世界のあいだ シリーズ「あいだで考える」*. 創元社.

仲正昌樹(2024). *ネットリンチが當たり前の社會はどうなるか?*

ベストセラーズ.

06
AI와 도덕적 무지

AI 비도덕성의 성격을 설명한다. AI 투명성 무지하기, AI 자율살상무기 무지하기, AI 학습 데이터 수집 무지하기를 중심으로 도덕적 AI의 사례를 살펴본다. 개인이 도덕적 무지를 실현하기 위한 방법을 설명한다.

AI 비도덕성의 벽

AI는 도덕적 무지를 구현하기 위해 정보의 적절한 제한을 도입하는 데 유용하다. 무언인가를 굳이 모르는 것이 윤리적으로 긍정적인 효과를 낼 수 있다. AI 개발자와 사용자가 서로 정보를 일부 모르는 상황에서 각자의 윤리적 고민을 적절하게 해결할 수 있다. AI 무지화 전략에 일일이 반응하지 않고 윤리적 태도를 유지하려면 도덕적 무지를 추구해야 한다.

AI가 인간에게 적용되는 도덕과 윤리 관점을 적용하기 전에 AI의 비도덕성의 영역을 정하는 것이 급선무다. 편향성, 투명성, 자율성, 책임성, 악용성 등 AI의 비도덕적 측면을 살펴본다는 전제하에 지나친 지식의 세계를 세울 수 있다는 점을 생각해야 한다.

AI 비도덕성의 벽에는 인간에 대한 고결함과 존엄성이 자리 잡지 못한다. AI는 언제든 비도덕적 데이터를 기반으로 사회적으로 받아들일 수 없는 콘텐츠를 만들 수 있다. AI 비도덕성의 배경에는 정치적 또는 경제적 이익을 위한 특정 관점이 개입되어 있다.

AI 투명성 무지하기

AI 투명성(transparency)은 사람들이 특정 정보에 접근해 AI 시스템의 생성과 의사 결정 과정을 올바르게 이해할 수 있는 절차를 마련하는 것이다. AI 알고리즘의 논리와 추론, 모델 학습과 데이터 입력, 모델 평가와 검증 방법 등을 문서화로 공유한다. 책임감 있는 AI가 필수적이다. AI 이해관계자들은 저마다 자신들의 이익을 위해 상호 신뢰할 수 있는 과정을 정립하려고 한다.

EU AI 법은 AI 시스템을 식별하고, AI 생성 아웃풋을 표시해야 한다고 규정하고 있다. AI 투명성을 강화하기 위해서는 이를 AI 설명 가능성, AI 해석 가능성과 상호 연결해야 한다. AI 투명성은 신뢰 구축, 지식 공유, 지식 협업 촉진에 유용하고, 보안 문제, 개인 정보 보호 문제, 지적 재산 보호 문제 등과 관련된다(Alexandra, J., et al., 2024.09.06). AI 투명성은 AI의 사회적 공공성을 위한 안전장치로 간주될 수 있지만 다음과 같은 문제가 있다.

첫째, 과도한 투명성을 요구하는 일은 AI 시스템의 보안 취약성을 드러낼 수 있다. AI 시스템 자체의 고유 작동 방식이 정보 형식으로 노출되면 해커들에게 악용될 여지가 커질 수 있다.

둘째, 자체 시스템을 개발하기 위해 시간과 비용을 투자하는 AI 기업들에게 과도한 AI 투명성을 요구할 경우, 지적 재산권의 문제가 발생할 수 있다.

셋째, AI 시스템의 복잡성을 일반인들에게 설명하는 데 한계가 있다. 비전문가들이 불필요한 정보를 습득하는 데 시간과 비용을 들일 수밖에 없다.

넷째, 국가별 기준 차이로 인해 AI 투명성을 균질하게 적용하는 데 한계가 있다.

이처럼 AI 투명성을 과도하게 요구하는 일은 도덕적 무지를 필요로 한다. AI 투명성을 강화하기 위해 다양한 지를 학습하고, 사회적 혹은 제도적 측면을 보완할 수 있다. 그러나 AI 투명성은 부작용을 초래할 수밖에 없다. AI 관련 사실을 숨기는 문제를 해결하기 위한 투명화가 AI 발전을 막을 수도 있다는 점을 염두에 두어야 한다. 그렇기 때문에 AI의 투명한 혹은 불투명한 상황을 동시에 고려해야 한다.

AI 자율살상무기 무지하기

AI 자율살상무기(AI autonomous lethal weapons)는 AI 기술이 급격하게 발전해 드론과 같은 자율살상기능이 추가되고 있다. AI 자율살상무기는 정보를 직접 수집하고 가공해 살상 유무를 스스로 결정짓는다. 이에 대해 국제 사회와 각국의 입장이 표명되고 있다. 국제 사회에서는 AI가 민간인 피해와 전쟁의 참혹함을 감소시킬 수 있다는 시각도 있지만 동시에 인간의 생사를 결정짓는 것에 깊은 불안을 느끼고 있다. 그런데 AI 자율살상무기의 잠재적 위험을 차단할 국제적 규제가 아직 마련되지 못하고 있다. 미국은 기존 국제법을 구체화해야 한다고 주장하면서 자율살상무기를 전장에 도입할 계획이라고 밝혔다. 대규모 재래식 전쟁에서 더 많은 인명 피해를 막고 전쟁에서 승리하기 위해 러시아와 중국은 국제법과 규제안이 필요 없다고 주장한다. 민주주의 국가에서는 AI 자율살상무기의 개발과 사용이 도덕적 의무라는 주장도 제기되고 있다(장재은, 2023.11.22).

AI 자율살상무기 관련 지식이 외부로 알려지는 상황이 발생한다면 현실에서 손쉽게 AI 자율살상무기를 만드는 일이 일어날 수 있다. AI 자율살상무기는 윤리적 문제, 책임 소재, 오작동 위험, 확산 우려, 통제 문제, 보안 위험 등을 발생시킨다. 인간의 생사에 대한 윤리적 문제가 제기될 뿐만 아니라 살상 발생 시 이에 대한 살상 주체를 밝히는 일이 쉽지 않아 법적 책임 소재 문제를 낳을 수 있다. 자율 시스템이 오작동해 살상 행위가 벌어질 수 있다.

특정 국가에서 AI 자율살상무기를 사용할 경우 다른 국가에서도 AI 자율살상무기를 보유하기 위한 경쟁이 심각해질 수 있다. 현재 AI 자율살상무기를 적절하게 통제하기 위한 규정이 불분명한 상태다. AI 자율살상무기에 대한 관련 정보가 유출되는 상황이 발생한다면 현실적으로 악용될 수 있는 가능성이 높고, 이에 대한 결과는 재앙 수준으로 예상된다.

AI 자율살상무기가 비도덕적이라는 인식은 AI 무지화 전략의 필요성을 파악하기 어렵게 한다. 만약 AI 자율살상무기 관련 기업들이 안전성과 안정성을 주장한다면 그 주장의 허점을 파악하고 비판적인 태도를 유지하기 어려울 수 있다. 그렇기 때문에 AI의 실용성을 추구하는 방향으로 나아가야 할지, 아니면 AI의 잠재적인 위험성을 제어하는 방향으로 집중해야 할지 사이에서 고민해야 한다.

AI 학습 데이터 수집 무지하기

2024년 11월 26일, 오픈AI(OpenAI)의 전 연구원 수치르 발라지(Suchir Balaji)가 샌프란시스코 아파트에서 숨진 채 발견되었다. 그는 오픈AI에서 4년간 근무하다가 8월에 퇴사했다. 그는 ChatGPT 모델 훈련 데이터 수집 방법이 저작권을 침해한다고 주장했고, 자신의 웹사이트에 이에 대한 비판적 에세이를 게재했다. 특히 저작권이 있는 데이터를 무단으로 사용하는 것이 저작권 침해에 해당하며, 스택 오버플로우(Stack Overflow) 같은 웹사이트의 트래픽과 사용자 참여 감소는 인터넷 생태계에 악영향을 미친다고 설명했다. 이에 오픈AI는 훈련 데이터가 공용 데이터이며, 공정 사용(fair use) 원칙에 따라 보호된다고 주장했다. 또한 미국의 AI 경쟁력 강화를 위해 필요하다고 강조했다(Lee & Barr, 2024.12.14). AI 학습 데이터 수집 과정에서는 개인 정보뿐만 아니라 저작권 문제도 대두된다. 이러한 문제를 폭로하는 순간 저작권을 무단으로 사용할 수 있는 방법이 알려지기도 한다. 또한 이를 공정 사용 원칙을 언급했다는 이유로 문제가 단순화되기도 한다.

개인의 학습 데이터 수집은 프라이버시 및 데이터 보안, 저작권 및 법적 문제, 데이터 불법 수집 문제 등을 제기한다. AI 학습을 위해 수집된 데이터에는 개인의 민감한 정보가 포함되어 있기 때문에 개인의 데이터가 무차별적으로 공개될 경우 사생활 침해의 우려가 크다. 무분별하게 수집된 데이터 중에는 저작권 승인을 받지 않은 것들도 있다. 따라서 데이터 수집 자체가 원천적으로 비도덕적일 수 있다.

AI가 수집한 데이터에 대해 윤리적 혹은 도덕적 판단

을 거치지 않으면 사회적 혼란을 불러일으킬 수 있다. 데이터가 정확하지 않고 불완전한 경우에는 AI 모델 성능 자체가 저하될 수 있다. 이러한 문제를 해결하기 위해 AI 데이터 수집에 대한 통제 차원에서 법적 규제를 시행하고 있지만 법적 규제를 준수하지 않는 상황이 발생할 수도 있다. 학습 데이터를 공개하고 보호할 것인지에 대한 판단은 학습 환경을 잘 살펴 신중히 고려해야 한다. AI 학습 데이터 현장 상황을 기업과 국가의 정보 수준과 동일하게 간주해서는 곤란하다. 그러므로 학습 데이터를 무분별하게 수집하는 일에 대해서는 무지할 필요도 있다.

개인의 도덕적 무지 클릭하기

도덕적 무지란 선택적 무지와 전략적 무지의 한계를 꼬집으며 굳이 알 필요가 없거나 모르는 편이 더 좋은 정보가 있다는 점에 주목하는 개념이다. 이 개념은 사생활 보호, 국가 기밀, 지나친 투명성의 위험성, 익명성의 긍정적 기능, 객관적 자료 확보, 비밀 유지의 필요성, 판단력의 중요성, 정보 공개의 긍정적 · 부정적 결과, 권력 집중의 문제 등을 구체적으로 다룬다[Kourany & Carrier (Eds.), 2020].

AI 시대에 개인은 AI 무지화에 대처하기 위해 유덕한 판단을 내릴 줄 알아야 한다. AI에 대한 도덕적 무지를 실천하는 과정에서 과연 도덕적 판단의 근거를 어떻게 설정할 것인지가 문제일 수 있다.

개인은 자신의 도덕적 무지를 자각해야 한다. 개인은 스스로 인식하지 못하는 순간조차 도덕 세계를 벗어날 수 없다. 도덕은 강제력이다. 도덕은 법만큼 구성원의 자율성 혹은 존엄성을 보존하는 힘을 포함한다. 도덕이 구성원들을 강제하는 방식이 작용하면서 공동체는 질서를 유지할 수 있다. AI 무지화를 경고하는 태도를 유지하는 일은 개인이 도덕적 무지를 실천하기 위한 하나의 조건이 될 수 있다.

참고문헌

장재은(2023.11.22). AI무기가 인간생사 결정…전쟁터 도입 임박했지만 규제 없다. 연합뉴스, https://www.yna.co.kr/view/AKR20231122089000009

Alexandra, J., et al.(2024.09.06.). What is AI transparency, https://www.ibm.com/kr-ko/think/topics/ai-transparency

Kourany, J. & Carrier, M.(eds.)(2020). *Science and the Production of Ignorance: When the Quest for Knowledge Is Thwarted.* The MIT Press.

Lee, L. & Barr, A.(2024.12.14). Open AI whistleblower found

dead by apparent suicide,
https://www.businessinsider.com/openai-whistleblower-former-researcher-suchir-balaji-found-dead-san-francisco-2024-12

07
AI와 합리적 무지

AI 비합리성의 성격을 설명한다. AI 정보 과부하 무지하기, AI 기억의 외주화 무지하기, 감정 인식 AI 무지하기를 중심으로 합리적 AI의 양상을 살펴본다. 개인이 합리적 무지를 실현하기 위한 방법을 설명한다.

AI 비합리성의 벽

AI는 합리적 지식을 생성한다고 여겨진다. 데이터는 정보로 변환되어 공유 지식으로 일상에 자리 잡는다. 사람들은 특정 현안에 대한 궁금증과 호기심을 해결하기 위해 AI를 적극적으로 활용한다. 즉각적으로 검색된 정보가 제시된다. 특정 사실을 토대로 AI가 추론한 사실까지 정확하게 구성한다.

AI 정보는 항상 신뢰할 수 있다고 단정 지을 수 없다. AI의 신뢰성과 책임성을 무조건 수용하기에는 AI 자체 기술적 오류가 발생할 수 있다는 점을 고려해야 한다. AI의 비합리적 요인이 무지를 발생시킨다. 일상에서 AI 정보를 무비판적으로 사용할 경우, 예상치 못한 평가와 이해가 성립할 수 있다. AI가 사실을 토대로 기계적 추론을 거친 값을 정확하다고만 생각할 수 없다.

AI 비합리성의 벽은 데이터 편향, 알고리즘 한계, 복잡한 모델, AI를 둘러싼 사회 경제적 혹은 기술 공학적 외부 요인과 밀접하다. 비합리적 데이터가 설명이 불가능한 형식으로 사회에 공유되는 상황은 개인에게 심적으로 부담을 줄 수 있다. AI 비합리성의 벽에 무엇이 저장되어 있는지 알아야 한다.

AI 정보 과부하 무지하기

AI 정보 과부하(AI information overload)는 빅데이터에 따라 무한 정보가 축적되면서 사람들이 특정 정보를 살펴보는 데 많은 시간과 비용이 드는 현상을 의미한다.

인간의 생각은 글라이더 인재와 비행기 인재로 구분할 수 있다. 전자는 수동적으로 기지를 축적하기 위한 프로세스에 집중한다. 반면 후자는 능동적으로 미지를 알기 위한 단계에 집중한다. 근대 사회에서는 글라이더 인재가 기지를 자기화하는 데 능숙하다. 그런데 컴퓨터를 통한 검색이 발전하면서 기지는 무용해지고 있다. 그렇기 때문에 미지를 탐색하기 위한 지적 탐험을 추구할 힘을 업데이트할 필요가 있다. 지적 대사 증후군 시대에 진입하면서 생각을 하기 위해서는 망각과 미지가 중요해졌다. 컴퓨터 시대에 정보를 무한정으로 기억하는 일에 치중하지만 이는 단순하게 과거 사실을 토대로 성립한다. 과거 사실을 검색하는 일만으로는 창의적 결과물을 산출할 수 없다. 창의적으로 생각하기 위해서는 과거 사실을 비우는 망각 과정을 거쳐야 한다. 컴퓨터는 망각 과정을 알지 못한다. 이른바 데이터를 기반으로 한 정보화 과정만으로는 지식과 지혜를 새롭게 만들어 낼 수 없다. 기지와 기억을 중시하는 태도는 기계가 인간보다 탁월

할 수 있다. 앞으로의 시대에서는 미지와 망각을 토대로 자기만의 생각을 새롭게 생성할 수 있다. 이를 기반으로 완전히 새로운 세계에 도전하려는 입장을 마련할 수 있다(外山滋比古, 2024).

생각의 도약을 추구하기 위해서는 자신이 파악한 데이터와 정보에 대해 자기 이해를 토대로 한 행위를 수행해야 한다. 자기 생각을 표현하는 쓰기가 중요하다. 쓰기는 자신과 타인의 생각을 융합할 수 있다. 올바르게 쓰기 위해서는 자기 생각을 확고하게 정립하고 타인의 생각을 해석해야 한다. 이런 점을 염두에 둔다면 쓰기의 링크를 고려해 생각의 영토를 확장해야 한다. 기존 언어는 새로운 세계 현상을 제대로 설명할 수 없다. 새로운 세계가 기존 세계와 유사하다는 점을 염두에 두더라도 새로움을 설명하고 해석하기 위해서는 이에 걸맞은 언어가 필요하다. 그렇지 못한 상황에서 새로운 세계를 기존 언어로 설명하다보면 불필요하게 언어 인플레가 발생해 소통이 이루어지지 않는다.

AI 기억의 외주화 무지하기

온라인 읽기는 뇌 용량 문제, 온라인 환경의 방해 요소, 피상적인 읽기 습관, 검색 용이성으로 인한 기억 의존도

감소 문제를 일으킨다. AI 메모리 보조 도구는 정보를 잘 기억하는 데 도움이 되고, 연구 시간을 절약해 뇌가 창의적 사고와 분석하는 데 유용하다. 반면 알고리즘이 콘텐츠 내용과 맥락을 제대로 이해하지 못하거나 AI에 지나치게 의존해 생물학적 기억력이 저하되는 일이 발생할 수 있다. AI에 의한 기억의 외주화는 기억력 저하와 기술 발전 옹호로 의견이 나뉜다. 멤(MEM) AI, 리와인드(Rewind), 퍼스널(Personal) AI와 같은 기억 보조 기술은 급격하게 발전하고 있다. 멤 AI는 분산된 정보를 통합하여 창의적 결과물을 산출하도록 지원한다. 리와인드는 컴퓨터 사용 기록을 캡처해서 활동 타임라인(timeline)을 구성해 필요할 때 검색할 수 있다. 퍼스널 AI는 개인의 모든 기억과 데이터를 저장하는 가상의 제2의 뇌를 개발하고 있다(SHUBHAM, 2023.01.23).

구글의 검색력은 막강하다. 생각의 외주화만이 불안정한 마음에서 벗어날 수 있는 유일한 길이라고 여겨진다. 검색자와 구글의 관계가 실제 현실의 인간관계에서도 적용되고 있다. 사람들은 서로 자신이 궁금해하는 바를 해소해 주기를 갈망한다. 즉각적으로 정답을 내놓지 않으면 상대를 인정하지 않는다. 구글의 알고리즘이 연산 과정을 거쳐 최적화된 답을 내놓을 수 있지만 인간의 생각은 한계가 있다. 인간이 테크놀로지를 통해 인지 향상을 추구할 수도 있지만 자신의 한계를 수용하는 힘이 중요하다. 구글은 검색 도구다. 근래 사람들은 구글에 자신을 외주화한다.

언어적 풍요로움을 확보하기 위해서는 다양한 언어가 모인 도서관의 가치를 중시해야 한다. 언어 저장소인 도서관에서 폐쇄된 언어를 지속적으로 업데이트하는 과정을 거칠 수 있다. 아울러 도서관에서 대출한 책을 통해 자기 생각을 점검하고 이를 토대로 타인과 이야기를 나누는 소중한 기회를 맞이할 수 있다. 언어는 하나의 문화유산이다. 언어 속에는 인간의 오랜 갈망과 절망이 응축되어 있다. 자기 언어를 적절하게 고수하면서도 타인의 언어로 전환할 수 있는 힘은 여전히 중요하다. 이러한 과정을 거치면서 언어가 불완전한 모조품이라는 닫힌 언어관에서 벗어날 수 있다(古田哲也, 2024).

감정 인식 AI 무지하기

감정 인식 AI(emotion recognition AI)의 과학적 유효성에 대한 논의가 활발하다. 이는 사람의 감정과 상태를 영상, 얼굴 이미지, 오디오 녹음을 통해 식별하려는 시도다. 인간의 감정은 복잡하기 때문에 타인의 감정을 정확하게 식별하는 일은 쉽지 않다. 이를 식별하기 위한 기술이 발전했음에도 불구하고 감정 인식 모델의 정확도는 데이터와 목표에 따라 달라진다. 유럽 디지털 권리(European Digital Rights)와 액세스 나우(Access Now) 등의 개인 정보 보호 및 인권 옹호 단체들은 감정 인식을 원천적으로 금지할 것을 요구하고 있다. 아울러 EU(European Union, 유럽 연합)의 AI법(AI Act) 역시 경찰, 국경 관리, 직장, 학교 등에서 감정 인식 AI를 사용하는 것을 금지해야 한다고 주장한다. 반면 일부 회사에서는 자동차 운전자의 피로 상태를 감지하거나 영화 예고편 반응을 평가하거나 시각 장애인이 주변 사람들의 감정을 이해하는 데 감정 인식 AI을 사용하고 있다(RyanMosley, 2023.08.14).

인간의 감정을 기계로 파악하는 것은 겉보기에 이성적인 접근처럼 보일 수 있다. 하지만 AI를 통해 감정을 파악하는 과정에서 오류가 발생할 수 있기 때문에 결국 인간이 합리적인 이해를 위한 노력을 기울일 수밖에 없다. 실제 인간관계에서 타인의 감정을 이해하기는 힘들다. 디지털 사회에서 감정 유연성(emotional agility)은 중요하다. 디지털 사회에서 개인은 자신의 감정만을 중시한다. 혼자 시간을 보낼 방법이 다양해지다 보니 타인을 고려할 필요성을 전혀 느끼지 못한다. 그러다 보면 타인의 감정에 무뎌질 수 있다. 타인의 감정을 무시하는 사회에서 개인의 감정은 자칫 소홀하게 다루어진다. 타인에게 받은 상처를 제때 제대로 치유하지 못해 홀로 자신의 감정에 대해 전전긍긍한다. 디지털 테크놀로지는 나의 요구를 들어주지만 인간은 그렇지 못하다. 그렇기 때문에 인간으로 인해 감정이 상하는 일이 자주 발생한다. 이럴 때 자신의 감정을 적절하게 인지하는 일이 중요하다. 감정은 가변적이다. 감정이 어떻게 변할지 알 수 없기 때문에 감정에 매몰되면 정상적 판단을 할 수 없다. 불필요하게 감정에 종속되지 않는 합리적 무지 상태에 이르는 과정을 거칠 필요가 있다. 실제 사람들을 만나면서 미묘한 감정 변화를 예민하게 파악하는 과정을 거쳐야 한다.

개인의 합리적 무지 클릭하기

합리적 무지는 "정보나 지식으로부터 얻는 기대 한계편익이 무시해도 될 만큼 아주 적다면 그런 정보나 지식을 거의 알려고 하지 않거나 완전히 무지하려는 경우"로 정의된다(이성규, 2014).

AI 시대에 들어서면서 지식을 쌓기 위해서는 많은

시간이 든다. 개인은 지식으로 세상을 이해할 수 있으나 지식의 효율성을 따지게 된다. 그러므로 개인은 특정 정보를 알 필요가 없다고 판단해 의식적으로 무시하기도 한다. 정보를 얻는 데 드는 비용과 이익을 견주어 합리적 무지를 추구하는 것이다(Rothman, 2024.07.30).

개인은 AI의 비합리성을 넘어서서 합리적으로 판단해 불필요한 정보를 적절히 없애야 한다. 자신의 무지 상태가 불안할 수 있지만 AI 비합리성의 침입에 그대로 노출돼선 안 된다. 거짓된 공공성을 강요하는 틀에 휘둘리지 않으려면 자신의 기대 편익을 분명한 기준으로 삼아 쓸데없는 정보와 지식을 굳이 알려고 하지 말아야 한다. 개인은 한정된 시간과 자본으로 자기 삶을 합리적으로 재편하는 일을 추구해야 한다.

참고문헌

이성규(2014). 합리적 무지「론」에 대한 소고. ≪한국애덤스미스·공공선택학·새마을운동교육연구≫, 59~78쪽.

古田哲也(2024). *言葉なんていらない?: 私と世界のあいだシリーズ「あいだで考える」*. 創元社.

外山滋比古(2024). *新版 思考の整理学*. 전경아 옮김(2025). 『생각의 도약 : 평범함을 뛰어넘는 초효율 사고법』. 페이지2북스.

Agarwal, S.(2023.01.23). I outsourced my memory to AI for 3 weeks, https://www.businessinsider.com/i-outsourced-my-memory-remember-what-you-read-using-ai-2023-1

Rothman, J.(2024.07.30). What Don't We Know? We have a lot to learn from studying our ignorance. https://www.newyorker.com/culture/open-questions/what-dont-we-know

RyanMosley, T.(2023.08.14). AI isn't great at decoding human emotions. So why are regulators targeting the tech?, https://www.technologyreview.com/2023/08/14/1077788/ai-decoding-human-emotions-target-for-regulators/

08
AI와 고의적 무지

AI 비의도성의 성격을 설명한다. AI 플랫폼 무지하기, AI 할루시네이션 무지하기, AI 도파민 무지하기를 중심으로 고의적 AI의 사례를 살펴본다. 개인이 고의적 무지를 실현하기 위한 방법을 설명한다.

AI 의도성의 벽

AI는 가치 중립적이라고 생각하기 쉽다. 일상에서 발생하는 일에 주관적인 견해를 피력하지 않는다고 여겨지기 때문이다. 그러나 AI는 인간이 입력한 데이터에 따라 객관적 판단과 무관한 결과를 제시하기도 한다. AI가 특정 의도를 가지고 제시한 결과는 사회적 혼란을 야기한다.

AI는 판단 과정에서 인간을 고려하지 않고, 특정 정보와 지식을 포함한다. 인간은 AI 지적 능력을 사용한다고 여겨 AI의 판단을 승인하곤 한다. 이 과정에서 자기 의사와 무관하게 불쾌하거나 불편한 사실을 수용하게 될 수도 있다. 자신이 선택하지 않았지만 특정 의도를 수용하다 보면 곤혹스러운 상황이 발생할 수 있다.

AI 의도성의 벽에는 부정적 사실이 가득한다. AI에 중독되거나 종속되는 일이 발생하고 있다. 미래에는 AI 자체가 특정 의도를 드러낼 수도 있다. 학습한 데이터에 따라 AI의 입장, 관점, 견해가 제시되는 상황에서 인간은 어떻게 반응해야 할지 고민해야 한다. 지금까지 보지 못했던 AI 의도성이 사회 곳곳에서 발생할 수 있다.

AI 플랫폼 무지하기

2024년 앤서니 앨버니지(Anthony Albanese) 호주 총리는 17세 미만 아동의 소셜 미디어 사용 금지 법안을 국회에 상정했다. 엑스(X), 틱톡(TikTok), 페이스북, 인스타그램(Instagram) 등 플랫폼에 법안이 적용된다. 그러나 전문가들은 소셜 미디어 금지 조치가 청소년들을 인터넷의 위험한 영역으로 몰아넣을 수 있고, 선주민 청소년과 같은 취약 집단이 온라인에서 정체성을 형성하는 데 어려움을 겪을 수 있다고 강조한다. 기술 변화에 따른 법 정책을 도입하기에 앞서 소셜 미디어의 부정적 문제를 인식하고 안전하게 온라인을 이용할 수 있는 교육 도구에 투자해야 한다고 주장한다(한나 리치, 2024.11.24).

AI 플랫폼에서 우리는 초연결과 초경험에 몰두한다. 초연결은 환상이다. 현실에서는 고립 사회의 모습이 나타나고 있다. 연결의 테크놀로지만 존재할 뿐 연결의 본질은 보이지 않는다. 타인과 만날 수 있는 방법은 다양해졌지만 실질적인 만남은 잘 이루어지지 않는다. 거대 IT 플랫폼에 자신의 경험을 업로드하고, 업로드된 세계로만 연결을 구성한다. 초경험은 가상이다. 신비로운 것이 우리 삶을 잠식하고, 감각으로 파악할 수 없는 세계에 몰입하게 한다.

AI 플랫폼에 기반을 둔 초연결과 초경험의 사회에서 초월 사회로 나아가기 위해서는 '에고'의 틈새를 열어야 한다. 격차와 차별이 심화하는 상황에서 개인이 자신만의 경험에 안주하는 태도를 버리고 보편적이고 필연적인 인류 모델을 구현할 방법을 찾아야 한다. 개인을 둘러싼 갑옷을 벗어 던지고 기존의 관점과 시점을 재정립하는 것이 중요하다. 에고는 자신만의 세계에 안주하려 한다. 에고의 미니멀리즘은 에고의 과대와 과잉을 적절하게 제어할 수 있다.

AI 플랫폼과 거리를 두기 위해서는 일방적으로 개인에게 강요하는 요구 사항을 적절하게 버퍼링(buffering)을 일으킬 용기가 필요하다. 그런데 개인이 버퍼링만을 고수하면 사회생활을 원활하게 할 수 없다. 개인의 버퍼링이 사회적으로 수용될 수 있는 구조를 다양하게 재편해야 할 시점에 도달하고 있다. 집단의 주파수에 부응하지 못한 개인의 신호만을 문제로 삼기보다 버퍼링을 자유자재로 구사할 수 있는 여건을 확립해야 한다. 버퍼링이 나타나지 않는 무신호의 체계가 문제다. 개인이 발신하는 버퍼링 영역을 새롭게 유지해야 한다.

AI 할루시네이션 무지하기

AI 할루시네이션(hallucination) 디지털 테크놀로지는 리얼리티를 증강하고 혼합하기 때문에 우리가 현실을 제대로 느낄 기회를 박탈한다. 가상 리얼리티는 극단적으로 현실적인 것처럼 보인다. 그러나 현실 리얼리티는 가상 리얼리티와는 다르다. 무엇인가 드러난 듯 보이지만 리얼리티는 비루하기만 하다. 가상에 몰두할수록 리얼리티의 본 모습을 발견하기 어렵다. 리얼리티가 조작될 수도 있다는 점을 인식하지 못한 채 자기 앞에 제시된 가상 리얼리티를 진짜라고 여긴다. AI가 제시한 정보 너머에서 작동하고 있는 힘이 무엇인지를 발견하려는 힘이 필요하다.

디지털 접근성이 수월해지는 상황에서 자기 생각을 마련할 시간을 확보하지 못할 수 있다. 우리들은 자기 생각을 실현하기 위해 무척 노력한다. 제대로 생각하기 위해서는 생각의 단계를 고려하면서 현안을 현상으로 파악하는 일이 중요하다. 역정보와 오정보인지를 판별하기 위해서는 관심 경제의 작동 방식을 학습해야 한다. 관심경제 사회에서는 인간의 관심을 자본으로 전환하기 위한 장치가 작동한다. 사람들이 특정 정보를 클릭할 수 있도록 유도하는 고도의 장치가 동원된다. 최첨단 테크놀로지는 사람들의 관심을 유인하기 위한 마케팅 테크놀로지를 사용한다. 다크 넛지(dark nudge)를 활용해 사람들의 관심을 끌어들이는 상황에서 역정보와 오정보에 현혹되어서는 안 된다.

AI 시대에 개인이 갖춰야 할 5가지 능력으로 첫째, 기초 능력(지적 집중력과 지적 지속력) 둘째, 학력 능력(논리적 사고력과 지식 습득력) 셋째, 직업 능력(직관적 판단력과 지혜 체득력) 넷째, 대인 능력(의사소통력과 환대력) 다섯째, 조직 능력(관리 능력과 리더십 능력)이 중요하다. AI를 무조건 신뢰하면 인간이 스스로 생각할 기회를 잃을 수 있다. 이 중에서도 환대(hospitality)의 중요성, 지식과 지혜의 구분, 아이디어 실현력과 현실 변혁력이 중요한 가치를 지닌다. 지식은 언어로 표현된 문헌적 지식을, 지혜는 경험과 체험을 통해 얻는 비언어적 지식을 의미한다. 환대는 개인과 타인이 서로 마음 상태를 세심하게 살피는 과정이며 실현력과 변혁력은 AI가 논리적으로 아이디어를 도출하더라도 현실을 변화시키는 주체는 인간임을 강조한다(田坂広志, 2019).

AI 도파민 무지하기

AI 디지털 테크놀로지가 발전하면서 일상은 편리해졌

다. 일상을 살아가는 과정에서 행복을 발견하지 못할 때 AI 디지털 테크놀로지에 중독된다. 자신의 내부와 외부에 주의 집중하면서 자기만족을 충족하지 못하는 경우가 많아지고 있다. 이러한 상황에서 세대를 막론하고 불안 징후가 강화되고 있다. 불안의 일상화는 모든 관계를 파괴한다. 마음속에서 미래를 명확하게 파악하지 못해 불안 상태가 지속되는 상황이 속출하고 있다. 아이들의 문화에 AI 디지털 테크놀로지가 차지하는 비율이 높아지면서 아이들의 내면이 불안에 사로잡히고 있다.

아동기 대재편(great rewiring of childhood) 시기에 접어든 세대는 디지털 테크놀로지를 능수능란하게 다루고 기계와 사물에 대한 거부감이 가장 적다. 놀이 기반 아동기에서 스마트폰 기반 아동기로 이행하는 과정에서 어린 나이부터 디지털 툴(tool)을 통해 개인화 혹은 사회화를 수용하는 모습이 보인다. 1996년 이후 세대는 현실 세계의 과잉보호와 가상 세계의 과소 보호가 규정짓고 있다. 현실 세계는 체화된 방식, 동기화된 방식, 일대일 또는 일대다 방식의 의사소통, 진입과 퇴출 장벽이 높은 공동체에서 발생한다. 반면 가상 세계는 비체화된 방식, 비동기화된 방식, 일대다 의사소통, 진입과 퇴출 장벽이 낮은 공동체 내에서 일어난다. 현실 세계에서는 위험과

모험을 거부한 채 안정적 보호를 받는 반면 가상 세계에서는 누구의 간섭도 받지 않은 채 자신이 원하는 세계에 접속할 수 있다. 디지털 세대는 기회에 접근하기 위한 발견 모드(discover mode)를 지양하고, 위협에 방어하기 위한 방어 모드(defend mode)를 지향한다. 발견 모드는 기회를 찾고, 스스로 생각하고, 성장하고 싶다는 마음가짐이다. 반면 방어 모드는 위험을 찾고, 결핍에 찌든 사고방식을 갖고, 자신의 팀에 의지하고, 안전을 챙기는 태도다. 미래가 불안정하고 불확실한 상황에서 자기 보존의 위협을 경계하는 데 에너지를 소진했기 때문에 불안감에 사로잡힌다(Haidt, 2024).

AI 디지털 테크놀로지는 인간의 자율 신경계를 지속적으로 자극한다. AI의 도파민 자극을 통해 자기 뇌의 만족과 쾌락 상태에 안주해서는 곤란하다. 외부 자극에 지속적으로 노출되면 감각의 면역력이 사라진다.

개인의 고의적 무지 클릭하기

고의적 무지는 AI 무지화를 간파하고 개인이 의도적으로 무지를 실천하는 것이다. 의도적으로 작용하는 시스템의 모순을 인지하면서 개인으로서 책임성을 포기하지 않는 것이다. 고의적 무지는 자칫 윤리적 책임성에 종속될 수 있다. 그렇기 때문에 개인이 감당할 수 있는 범위 내에서 자율적으로 책임을 지니는 태도를 보인다.

히토시 토야(戸谷洋志)는 AI 시대를 살아가기 위해서는 '강한 책임'과 '무책임'이라는 이분법적 사고방식에서 벗어나 '약한 책임'으로 나아가야 한다고 주장한다. 인간을 강한 책임에 따라 강한 주체로 살아가는 존재가 아닌 타인에게 의존하며 살아갈 수밖에 없는 취약한 존재로 정의하고, 이를 바탕으로 약한 주체의 약한 책임론을 전개한다(戸谷洋志, 2024).

개인은 AI에 대해 약한 책임을 지는 자세가 필요하다. 고의적으로 자기 삶의 영역을 유지하면서도 AI와 적절하게 비판적 입장을 유지할 수 있다. 개인이 고의적으로 AI를 외면하는 상황 속에서 자기만의 무지를 알아차릴 수 있다.

참고문헌

한나 리치(2024.11.24). 호주는 아이들의 소셜 미디어 사용을 막을 수 있을까?
https://www.bbc.com/korean/articles/c3de3yrdd80o

戸谷洋志(2024). *生きることは頼ること 「自己責任」から「弱い責任」へ*. 講談社.

田坂広志(2019). *能力を磨く AI時代に活躍する人材「3つの能力」*.

日本実業出版社

Haidt, J.(2024). *Anxious generation: how the great rewiring of childhood is causing an epidemic of mental illness.* 이충호 옮김(2024). 『불안 세대: 디지털 세계는 우리 아이들을 어떻게 병들게 하는가』. 웅진지식하우스.

09
AI와 원초적 무지

AI 무지화에 대항하기 위해서 AI 디폴트와 AI 전략을 살펴본다. AI 시대의 패스트 교양, 이항 대립, 데오도란트화를 무지하기의 관점에서 살펴보면서 우리 시대에 필요한 무지의 위상을 고찰한다. 개인이 원초적 무지를 재부팅해야 하는 이유와 근거를 제시한다.

AI 디폴트

AI 시대에 진입하면서 개인의 무지 상태가 깊어지고 있다. 기존 아그노톨로지는 개인의 원초적인 무지 상태를 충분히 고려하지 않았다. 지금 우리는 일상에서 AI를 자주 사용하며 개인은 무지 상태에서 벗어나려 애쓴다. 사람은 태어날 때 아무것도 모르는 상태지만 살아가면서 지식을 쌓고 인간으로서 존엄성을 인정받는다.

과거에는 아날로그 방식으로 무지에서 벗어났지만 디지털 사회로 들어서면서 지식 축적 방식이 바뀌었다. 무한정 지식을 축적할 수 있는 길이 열리면서 자기 스스로 생각할 기회를 잃는 일이 잦아졌다.

AI가 원초적인 무지를 해결한 듯하지만 사람은 자기 무지에서 온전히 벗어나지 못한다. AI가 억지로 보여주는 지식 세계에서 벗어나 자신만의 영역을 갖는 것이 중요하다. AI 시대에는 무한히 축적된 지식을 기본값으로 재설정하여 원초적인 무지를 새롭게 이해할 필요가 있다.

AI 패스트 교양 무지하기

AI 시대는 교양에 대한 압력을 키운다. 일상생활에 쓸모있는 교양 지식이 늘면서 개인들은 교양 차이를 메우려 자기 입맛에 맞는 교양을 좇기에 급급하다(松浦弥太郎, 2023.11.13).

AI 콘텐츠가 삶을 지배하면서 사람들은 화려한 감각 세계에 빠져 주의와 관심을 빼앗긴다. 우리는 스스로 삶을 풍요롭게 만드는 길을 찾기보다 거대 콘텐츠 기업이 제공하는 콘텐츠를 소비하려고 한다. 물론 콘텐츠 트렌드를 무시할 수는 없지만 마구잡이식 소비를 넘어 콘텐츠 소비를 통해 타인과 세계를 알아가는 과정에서 발생하는 부작용을 따져 보아야 한다. 자기 본위의 사고방식으로 세상과 사람을 바라보며 자기 행동에 대한 어떤 비판도 받아들이지 않으려 든다. 콘텐츠만으로는 좁은 인간관계 내에서 인정과 승인을 갈망하고, 타인에 대한 편향된 시각만 굳을 수 있다.

영상 작품의 과잉 공급, 바쁜 현대인의 시간 효율성 추구, 대사로 모든 것을 설명하는 영상 작품의 증가 등이 나타난다. 또래 집단 내 '좋아요'에서 벗어나지 않기 위해 유행을 따르는 콘텐츠를 효율이라는 이름으로 소비한다. 또한 월정액 구독으로 콘텐츠를 소비하는 풍조가 퍼지면서 작품의 가치와 의미는 사라지고, 그저 남는 시간을 즐겁게 보내는 데만 매달린다. 빨리 감기 영화, 유튜브(Youtube) 편집 영상, 스포일러(spoiler) 사전 확인

등 대량 생산되는 콘텐츠를 보는 데만 골몰한다. 영화를 빨리 감기로 보는 태도는 인간에 대한 이해에도 섣부른 판단을 낳는다. 인간과 인간 사이에는 도덕과 윤리가 있어야 하지만 도덕과 윤리를 습득해야 할 시점에 인간과 기계가 먼저 만난다. 도덕과 윤리를 익힐 겨를도 없이 타인에게 기계처럼 대하라고 다그친다(稲田豊史, 2022).

디지털 시대에는 지식을 콘텐츠로만 여기고 그저 실용적으로 사용할 수 있는지 여부만 따진다. AI는 지식을 재빨리 얻을 수 있지만 빠른 지식 소비로는 부정적인 무지의 굴레에 갇힐 뿐이다. AI 시대가 오면서 개인은 역설적으로 능력을 갈고 닦아야 한다. AI의 긍정적, 부정적 측면 모두를 파악할 수 있는 능력이 중요하다. AI가 무지화를 발생시킬 수 있다는 점을 항상 기억해야 한다. 패스트(fast) 교양에서 벗어나 자기 주도적으로 지를 선별하는 과정을 거쳐야 한다.

AI 이항 대립 무지하기

AI는 이항 대립을 압축한다. AI가 나오면서 사람들은 스스로 생각할 틈을 잃고 숱한 복잡한 일이 벌어지는 상황에서 자기 자리를 지키기가 더 힘들어졌다. 특정 상황의 맥락을 고려하지 않고 단지 사실을 나열하는 과정은 고민과 반추할 필요가 없이 편안하기만 하다.

우리가 사는 곳은 이항 대립이라는 굳건한 틀에 매여 있어 복잡한 일을 쉽게 풀어내려는 버릇이 있다. 이런 이분법을 넘어서려면 '이항 대립의 탈구축'을 시도해야 한다. 자기 생각을 펼치는 걸 가로막는 기존 형식을 꼼꼼히 살펴야 한다. 복잡한 문제를 쉽게 여기는 태도는 삶의 경로를 단순화하여 우리가 지켜야 할 현실을 훼손할 수 있다(千葉雅也, 2022).

이항 대립의 구축은 유보적인 태도를 필요로 한다. 이분법의 한쪽 측면만을 옹호해서는 상대를 제대로 이해할 수 없다. 세상은 나와 껄끄럽고 언짢은 관계로 가득 차 있고 이를 제거하고 배제하려는 바람은 늘 우리 마음속에서 일어난다. 이항 대립의 결정 불가능성을 인정하고 자기 결단의 욕심을 미루는 태도는 자칫 우유부단하게 보일 수 있다. 그러나 결정 가능성에 기대어 성급하게 결단하는 일은 역사에서 폭력을 낳았다. 결단은 다양한 가능성을 배제하고 단 하나의 정답만을 강요하기 때문이다. 우리는 동일성과 비동일성의 경계에서 살고, 양쪽 모두 장단점을 지니고 있다. 동일성의 폭력을 그대로 두고 비동일성의 유연한 태도를 지키는 건 어렵다. 하지만 비동일성의 윤리만으로는 삶의 지형을 근본적으로 바꿀 수 없고, 동일성의 운영 체계와 슬기롭게 손잡을 필요가 있다. 무언가를 곧바로 말하고 행동하기보다는 유보와 연기의 태도가 더 중요하다. 이러한 태도가 답답하게 보일 수 있지만 이러한 미련의 윤리성을 추구하는 사람은 '어른'으로 규정된다. 이항 대립의 어긋남을 집요하게 견딜 수 있어야 한다. 적과 동지의 이분법으로는 복잡한 세계를 쉽게 읽어 내는 약삭빠른 지략일 뿐이다. 이항 대립의 양쪽 모두를 배제하지 않고 자기 자신에게만 머물려는 안일한 사고방식에 개입하는 태도를 자극하는 것이 탈구축의 발상이다. 이항 대립의 어긋남 혹은 간극의 차이를 인정하는 태도가 중요하다.

AI 데오도란트화 무지하기

AI는 데오도란트화(deodorant化)처럼 불쾌감을 유발하는 냄새와 문제를 제거하는 데 최적화되어 있다. 사회 문제의 본질적 해결을 추구하지 않고, 보기 좋고 수용 가능한 깨끗한 이미지만을 강조하는 것이다(與那覇潤 & 舟津昌平, 2024.06.26). 최근 대만의 오드리 탕(Audrey Tang)은 AI 테크놀로지의 계몽주의적 공공성을 실현하기 위해 노력하고 있다. 그는 AI가 경제적 가치에만 매몰되어서는 안 된다고 말한다. AI는 사회 문제를 해결하는 데 적절한 도구일 수 있다는 것이다. 'AI = Assistive Intelligence(지원적인 지능)', 즉 AI를 지원적인 지능으로서 활용하는 게 중요하다. 인간은 노동 과정에서 효율화와 최적화를 AI를 통해 추구한다. 논리적 사실에 기반을 둔 AI가 비용과 시간을 절약할 수 있는 영역을 제공해 준다. 개성과 다양성을 인정하기 위해서는 공호(共好)의 중요성이 요구된다. 공호는 사람들의 독창적 행동과 특별한 것의 사고방식과 느낌을 존중하거나 양립하려는 사고방식으로 정의된다. 다양성과 독특성을 추구해야 긍정적 성과를 도출할 수 있다. 지원적 지능이 권위주의적 테크놀로지를 대체할 가능성이 있다고 주장된다. 사람의 감각을 연마하는 데 도움이 되거나 지원해 주는 지능으로서 테크놀로지를 새롭게 설정해야 한다고 말한다.

지원적인 지능의 예로 일본의 AI 엔지니어 안노 타카히로(安野貴博)가 추천한 기술은 브로드 리스닝(broad listening)이다. 브로드 리스닝은 AI가 많은 목소리를 수집해 가시화할 수 있는 테크놀로지다. AI가 커뮤니케이션 가교 역할을 맡아 합의 형성과 상호 협의를 도출할 수 있는 기술이다. 브로드 리스닝은 데이터 수집, 자연어 처리, 데이터 분석 과정을 거쳐 사람들 사이의 소통을 촉진하고 공감대를 형성하는 데 도움이 된다. 소셜 미디어 상의 빅데이터를 토대로 포괄적이고 객관적 여론을 파악하는 데 유리하다(山本敦, 2024.11.06). 테크놀로지의 사회성과 공공성을 지향한다. AI가 인간의 삶과 공존하기 위해서는 수익성 중심 태도에서 벗어나야 한다. AI와의 공생을 위한 이념을 선결 조건으로서 명확히 설정해야 한다.

개인의 원초적 무지 재부팅

원초적 무지는 매 순간 재설정해야 한다. 참과 거짓이 혼재하는 현실에서 자신의 시각을 확보하려면 기존 지식을 최소화하는 과정을 거쳐야 한다.

AI 시대에는 무지한 상황을 자각하지 못한 채 타인이 제시하는 목소리를 맹목적으로 따라서는 안 된다. AI가 인간의 원초적인 무지를 극복하는 데 도움을 줄 수 있지만 멀티미디어가 인류의 지식을 신속하게 제시한다고 해서 타인과 세계를 제대로 이해할 수 있을지는 의문이다. 끊임없이 변화하는 콘텐츠만으로 AI 알고리즘이 원초적인 무지를 올바르게 파악할 수 없다.

개인은 AI 시대에 온갖 데이터와 정보에 종속되어 자신의 시각을 잃어서는 안 된다. 개인은 원초적인 무지를 재발견하는 과정을 거쳐야 한다. 원초적인 무지는 타인에게 휘둘려 오염될 수 있음을 기억해야 한다. 제대로 자신을 성찰하기 위해서는 원초적인 무지 상태를 부정하지 않고 감각적으로 반응할 줄 아는 용기가 필요하다.

참고문헌

稲田豊史(2022). *映画を早送りで観る人たち: ファスト映画・ネタバレ――コンテンツ消費の現在形*. 황미숙 옮김(2022). 『영화를 빨리 감기로 보는 사람들: 가성비의 시대가 불러온 콘텐츠 트렌드의 거대한 변화』. 현대지성.

千葉雅也(2022). *現代思想入門*. 김상운 옮김(2023). 『현대사상 입문: 데리다, 들뢰즈, 푸코에서 메이야수, 하먼, 라뤼엘까지 인생을 바꾸는 철학』. 아르테.

與那覇潤 (2022). *過剰可視化社会 「見えすぎる」時代をどう生きるか*. PHP研究所.

松浦弥太郎(2023.11.13). 松浦弥太郎が「教養の圧」から距離を取る納得事情 全方向でインプットしても「わかる」が増えない, https://toyokeizai.net/articles/-/713600

山本敦(2024.11.06). オードリー・タンが語る「頭の中」、大人でもまねできる働き方と学び方, https://forbesjapan.com/articles/detail/74817

與那覇潤 & 舟津昌平(2024.06.26). なぜ大人は若者に「合わせる」ようになったのか: 成熟という価値観を喪ったデオドラント化社会, https://toyokeizai.net/articles/-/765325

10
AI와 무지 리터러시

AI 지와 무지의 경계를 설명한다. AI 지 리터러시의 한계를 설명한다. 이를 위해 AI 맹신을 경계하며 비판적 사고로 AI 무지화 전략을 파악하는 게 중요하다는 점을 설명한다. AI는 무지 리터러시와 접목되어야 한다는 점을 설명한다. AI 무지 리터러시는 네거티브 리터러시와 접목되어야 한다는 점을 고찰한다.

AI 지와 무지 경계

AI 시대에는 지와 무지의 틈새를 살펴야 한다. 인류는 오랫동안 시행착오를 거쳐 문명과 문화를 일구어 왔다. 우리는 미래에 AI가 삶을 행복으로 이끌 힘이 있다고 여긴다. 각자가 생각한 바를 테크놀로지를 통해 표현할 수 있다고 확신한다. 우리 일상은 온갖 데이터와 정보로 지배되고 있다. 무엇이 참과 거짓인지에 대한 고민할 겨를도 없이 속수무책으로 알고리즘이 알아서 제시하는 세계에 노출되고 있다. 그러다 보니 우리는 알고리즘이 펼쳐 보이는 세계에 즉각적으로 반응하기에 급급하다.

AI가 지의 영역을 장악한 만큼 AI의 실체를 제대로 파악하는 일이 점점 어려워지고 있다. 우리가 일상에서 AI를 편안하게 무비판적으로 사용하고 있지만 AI에 종속되는 상황이 발생하고 있다. AI와 관련해 무수한 목소리가 들려오지만 AI와의 만남은 여전히 낯설기만 하다. AI가 지의 영역을 작동하는 과정에서 간과한 지형을 고찰하는 일이 역설적으로 AI를 제대로 알 수 있는 기회를 제공할 수 있다. 그러므로 AI 무지를 파악하는 일이 AI 지의 논의 못지않게 중요할 수밖에 없다.

AI 지 리터러시에서 멈추기

AI 지 리터러시(literacy)에 대한 논의가 활발하게 진행되고 있다. AI 리터러시 선행 연구는 AI 리터러시 교육 프로그램 개발 및 평가, AI 리터러시 개념 제시, AI 리터러시 관련 연구 동향 파악, AI 리터러시 역량 진단 도구 개발, AI 교육 정책과 사례 비교, AI 리터러시 영향 요인과 영향력 확인을 목표로 한다(황현정 · 박지수, 2023). 문자 중심 리터러시에서 벗어나 AI가 교육, 역량, 정책과 접목한 양상을 살피고 있다.

기존 AI 리터러시는 AI 지식을 파악하는 데 집중한다. AI 이론과 실천을 파악하면 정치적, 경제적, 윤리적 문제를 해결할 수 있다고 확신한다. 지식 세계는 근대적이다. 근대 지식은 인류 문명과 문화를 개선하기 위해 인간과 세계를 알아가는 과정의 연속이었다. 더 많이 알수록 인간은 행복에 도달할 수 있다고 여겨졌다. 어쩌면 우리는 인공지능을 근대 지식의 극단적인 종착지로 생각할 수 있다. 과학, 수학, 논리학이 질서정연하게 지식 세계를 구축하였다(伊藤恵理, 2018).

AI는 풍요로운 빈곤을 보여 준다. 객관적으로는 풍요로워 보이는 세계 이면에 무언가 부족한 느낌이 든다. 우리는 AI를 활용해 타인과 세계에 관한 궁금증을 즉각 해결할 수 있다. 자신이 생각하는 키워드를 입력하면 그에 대한 답을 제시한다. 정답인 듯한 문장과 이미지를 제시한다. 이미 만들어진 데이터를 활용하는 순간 정신적으로 충족된 세계에 도달했다고 생각한다. 거짓과 허위가 참과 진실로 둔갑하면서 인간과 세계의 한계에 대한 비판적 이해가 필요하다. 입력과 출력이 확률적으로 제시되는 상황에서 리터러시를 업데이트해야 한다. 하지만 현재 문자와 매체를 기반으로 한 리터러시에 대한 관점이 확장되고 있다. 기계 언어는 인간 언어와 유사하게 표현 영역을 무한으로 변화시킨다. 반면 미디어, 디지털 리터러시는 전자 매체를 수용할 수 있는 역량을 강화하려 한다. 멀티 리터러시는 기존 리터러시의 형식과 내용을 포괄한다. 문자와 매체 중심의 리터러시는 공통적으로 기존 지식의 세계를 효율적으로 파악하기 위한 태도에 속한다. AI가 작동하는 방식을 아는 것만으로는 AI의 순기능과 역기능을 제대로 파악할 수 없다.

AI 지 리터러시는 미래를 유토피아로 여기는 태도로 이어진다. AI가 인간의 삶을 새롭게 업데이트할 수 있다는 확신은 AI의 복잡한 맥락을 단순하게 여기는 것이다. 또한 AI 윤리조차도 AI에 대한 지식에 기반을 두고 있다. 근대 진보와 이성은 지식 세계를 일상에 구축하였고, 인간과 세계는 지적 능력과 연결되어 인간을 괴롭히던 것들을 극복할 수 있다고 여긴다. 이러한 태도는 AI에 대한 맹목과도 비슷하다. AI에 대한 지식만이 복잡한 일들을 단순하게 해결할 수 있다고 생각한다.

요컨대 AI 지 리터러시를 통해서 AI의 형식과 내용을 파악하는 일을 잠시 멈출 필요가 있다. AI의 악영향을 단지 AI 지식을 통해서만 해결할 수 없기 때문이다. AI가 작동하는 과정에서 작용하는 힘의 실체를 명확하게 간파하지 못한다면 AI에 대한 독단과 종속만이 강화될 수 있다.

AI 무지 리터러시로 다가서기

AI 지 리터러시만으로는 AI 문제를 해결할 수 없다. AI 무지화가 발생하는 맥락을 살펴볼 수 있는 시각이 중요하다. AI 자율성에 대한 거리 두기가 필요하다. AI를 인간과 동일한 대상으로 생각하고, AI가 자율적으로 움직이는 과정에 부합하는 규칙이 있다고 간주한다. 하지만 AI는 의사 자율성(pseudo autonomy)을 지닌 것처럼 보일 뿐이다. 인간은 자율계, 기계는 타율계에 따라 움직인다. 심층 학습 덕분에 컴퓨터는 스스로 자율적으로 개념을 파악할 수 있다(西垣通, 2018). AI 의인화에 대한 거리 두기가 필요하다. AI 의인화와 사물화가 발생하는 무지화 전략을 자율적으로 파악해야 한다.

신자유주의적 인간은 자기 통제가 가능한 범위 내에서만 생각하고 행동하며 자기 충족적 만족감을 주지 않는 것을 노이즈로 간주한다. 자기 통제가 불가능한 사회는 자신과 무관하다고 생각한다. 그러나 정보와 달리 독서는 노이즈를 포함한다. 독서와 지식은 노이즈와 우연성의 세계다. 독서 과정에서 쉽게 이해되지 않는 지식은 현실적으로 의미가 없다고 간주한다. 반면 정보는 노이즈가 제거된 지식이다. 정보는 즉자적 인풋과 아웃풋이고, 지식은 대자적 인풋과 아웃풋의 노이즈다. 지식을 추구하는 것은 노이즈 축적에 불과하기 때문에 책을 읽으려는 노력을 하지 않는다. 노이즈 캔슬링(canceling)이 보편화되는 현재, 우리는 주변 소음을 완전히 제거하려 한다. 주변 소음을 없애고 자신이 듣고 싶은 소리에만 집중한다(三宅香帆, 2024).

AI 무지 리터러시를 만들기 위해 애매한 상황을 견딜 수 있는 네거티브(negative) 리터러시 관점을 활용해야 한다. 자기 생각을 적극적으로 내세우는 태도만으로는 AI 세계를 제대로 파악할 수 없다. 오히려 자기 생각을 잠시 미루고 AI를 비판적으로 바라볼 수 있는 시각을 가져야 한다. 우리는 사실과 객관성만을 중요하게 여기고 즉각적인 행동과 판단을 강요받는 사회에 살고 있다. 성급하게 상황을 판단하다 보면 심각한 문제들을 놓치게 된다. 따라서 AI 무지화 전략을 민감하게 파악하는 것이 중요하다. 무지를 이해하려는 노력은 AI에 대한 조급함을 이겨 내게 한다. 현재 미디어 환경은 유언비어, 평판, 오보, 음모론, 정보 선전 등으로 가득 차 있어 진실을 제대로 파악하기 어렵다. 탈진실(posttruth) 시대에 디지털 정보에 성급하게 접근하면 주관적인 편견에 사로잡히기 쉽다. AI는 0과 1의 세계를 만들고, 인간은 AI 미디어를 통해 정보를 얻는다. 누구나 정보를 만들고 공유하는 시대지만 쓸모 있는 정보와 쓸모 없는 정보는 빠르게 구분된다. 우리는 이성적인 판단보다는 감정적인 반응이 앞서는 경향이 있다. 사람들은 사실과 진실이 작동하는 방식을 중요하게 생각하고 팩트(fact) 체크를 통해 거짓 정보를 없애고 객관적이고 믿을 수 있는 정보 시스템을 만들어야 좋은 사회가 된다고 믿지만 자신을 불편하게 만드는 요소는 빨리 없애고 편안한 정보만 공유하려 하며, 이를 위해 AI 알고리즘에 자신의 생각과 판단을 맡겨 버린다. 감정이 중요해지는 사회에서는 AI가 만든 가짜 뉴스를 즉시 배제하지 않고 애매하게 취급하는 태도가 필요하다. 받아들이기 힘든 세계와 거리를 두고 문제의 핵심을 파악해야 한다(佐藤卓己, 2019). AI 편향을 명확하게 판단할 수 없는 상황에서 AI를 활용해 문제를 해결하려 하다 보면 모순이 발생하기도 한다. 능력의 빠른 변화는 새로운 지식 습득을 요구하고, 고도 지식 사회에서 학력 사회의 붕괴는 혁신, 네트워크, 리더십의 중요성을 강조한다.

네거티브(negative) 리터러시는 애매한 상황을 계속해서 참아 내고 자신의 입장과 견해를 자제하는 과정이다. 모호한 정보를 섣불리 판단하지 않고 불확실성을 견디는 능력, SNS상의 과잉 정보에 과민 반응하지 않고 인내심을 갖는 마음가짐을 의미한다. AI는 디지털 사고에 따라 정보를 참과 거짓으로 구분하는 데 특화되어 있지만 AI가 지식을 완벽하게 구성할 수 없고 무지화를 만들어 낼 수 있다는 사실을 잊지 않아야 한다(佐藤卓己, 2024). AI에 대한 맹신만으로는 함께 살아갈 기반을 마련할 수 없다. AI 무지 윤리를 꼼꼼히 살피면서도 AI 무지 자체에서 작동하는 힘을 주의 깊게 살펴야 한다. AI가 만들어 내는 무지는 현실을 은폐하거나 또 다른 현실의 일부가 될 수 있다는 점에서 이데올로기적 성격을 지닌다. 더욱이 개별적인 사건들의 이해관계와 얽히거나 사회 구조 전반에 걸쳐 편향과 왜곡을 야기할 수 있다. 따라서 이러한 무지로부터 거리를 두고 비판적인 시각을 확보하는 일이 시급하다(直江清隆, 2025).

아울러 AI 무지화 전략을 집요하게 읽는 행위를 거쳐 AI 억제를 위한 실천을 모색해야 한다. 기술 억제가 단순히 기술 개발을 막는 것이 아니라 안전하고 윤리적인 방향으로 기술을 관리하기 위한 필수적인 과정이기 때문이다. 국가, 기업, 연구 기관 등 다양한 주체의 협력을 통해 기술 억제 시스템을 구축하고, 기술로 인한 위험을 최소화해야 한다. 또한 기술 억제는 법적 규제뿐만 아니라 새로운 거버넌스(governance) 모델, 책임 및 투명성 확보를 포함하는 포괄적인 접근 방식이 요구된다(Suleyman, 2023).

결론적으로 자신의 의지와 상관없이 주어지는 AI 무지화 전략의 문제점을 외면하지 말고 인내심을 가지고 곱씹어 생각하는 무지의 힘을 길러 내야 한다.

참고문헌

황현정·박지수(2023). 국내외 AI 리터러시의 연구 동향 분석 : 체계적 문헌고찰 방법을 중심으로. ≪교육문화연구≫, 135~164쪽.

三宅香帆(2024). *なぜ働いていると本が読めなくなるのか*. 集英社.

西垣通(2018). *AI原論 神の支配と人間の自由*. 講談社.

伊藤恵理(2018). *みんなでつくるAI時代*
これからの教養としての「STEAM」. CCCメディアハウス.
佐藤卓己(2019). *流言のメディア史*. 岩波書店.
佐藤卓己(2024). *あいまいさに耐える:*
ネガティブ・リテラシーのすすめ. 岩波書店.
直江清隆(2025). *AIの作り出す無知. 鶴田想人, 塚原東吾(編),*
無知学への招待ー〈知らないこと〉を問い直す(pp.306~315).
明石書店.
Suleyman, M.(2023). *The Coming Wave: Technology, Power, and the Twenty-first Century's Greatest Dilemma*. Random House US. 이정미 옮김(2024).『더 커밍 웨이브』, 한즈미디어.

김용하

동의대학교 동의지천융합대학 부교수다. 고려대학교에서 국어국문학 박사학위를 받았다. 주요 저서로 『횡단적 암흑 구경의 목소리: 근대 조선인과 독일인의 여행기를 중심으로』(2024), 『사투르누스의 매직 아이: 발터 베냐민의 시선으로 보는 오컬트와 미래』(2019), 『정치적 글쓰기의 멜랑콜리: 신채호와 발터 벤야민을 중심으로』(2017) 등이 있다. "인클루시브 교양에 기반한 트랜스/포스트휴먼 장애 인식 개선에 관한 탐색적 연구"(2024), "퇴계 이황의 『매화시첩(梅花詩帖)』과 요한 볼프강 폰 괴테의 「식물의 변형(Metamorphose der Pflanze)」에 나타난 식물 윤리에 대한 비교 연구"(2021) 등이 있다.